Слепой музыкант

Владимир Короленко

СОДЕРЖАНИЕ

Слепой музыкант

СЛЕПОЙ МУЗЫКАНТ

ГЛАВА ПЕРВАЯ

I

Ребенок родился в богатой семье Юго—западного края, в глухую полночь. Молодая мать лежала в глубоком забытьи, но, когда в комнате раздался первый крик новорожденного, тихий и жалобный, она заметалась с закрытыми глазами в своей постели. Ее губы шептали что—то, и на бледном лице с мягкими, почти детскими еще чертами появилась гримаса нетерпеливого страдания, как у балованного ребенка, испытывающего непривычное горе.

Бабка наклонилась ухом к ее что—то тихо шептавшим губам.

— Отчего... отчего это он? — спрашивала больная едва слышно.

Бабка не поняла вопроса. Ребенок опять закричал. По лицу больной пробежало отражение острого страдания, и из закрытых глаз скользнула крупная слеза.

— Отчего, отчего? — по—прежнему тихо шептали ее губы.

На этот раз бабка поняла вопрос и спокойно ответила:

— Вы спрашиваете, отчего ребенок плачет? Это всегда так бывает, успокойтесь.

Но мать не могла успокоиться. Она вздрагивала каждый раз при новом крике ребенка и все повторяла с гневным нетерпением:

— Отчего... так... так ужасно?

Бабка не слыхала в крике ребенка ничего особенного и,

1

видя, что мать и говорит точно в смутном забытьи и, вероятно, просто бредит, оставила ее и занялась ребенком.

Юная мать смолкла, и только по временам какое—то тяжелое страдание, которое не могло прорваться наружу движением или словами, выдавливало из ее глаз крупные слезы. Они просачивались сквозь густые ресницы и тихо катились по бледным, как мрамор, щекам.

Быть может, сердце матери почуяло, что вместе с новорожденным ребенком явилось на свет темное, неисходное горе, которое нависло над колыбелью, чтобы сопровождать новую жизнь до самой могилы.

Может быть, впрочем, что это был и действительный бред. Как бы то ни было, ребенок родился слепым.

II

Сначала никто этого не заметил. Мальчик глядел тем тусклым и неопределенным взглядом, каким глядят до известного возраста все новорожденные дети. Дни уходили за днями, жизнь нового человека считалась уже неделями. Его глаза прояснились, с них сошла мутная поволока, зрачок определился. Но дитя не поворачивало головы за светлым лучом, проникавшим в комнату вместе с веселым щебетаньем птиц и с шелестом зеленых буков, которые покачивались у самых окон в густом деревенском саду. Мать, успевшая оправиться, первая с беспокойством заметила странное выражение детского лица, остававшегося неподвижным и как—то не по—детски серьезным.

Молодая женщина смотрела на людей, как испуганная горлица[1], и спрашивала:

— Скажите же мне, отчего он такой?

---

[1] Горлица — голубка

— Какой? — равнодушно переспрашивали посторонние. — Он ничем не отличается от других детей такого возраста.

— Посмотрите, как странно ищет он что—то руками...

— Дитя не может еще координировать[2] движений рук с зрительными впечатлениями, — ответил доктор.

— Отчего же он смотрит все в одном направлении?.. Он... он слеп? — вырвалась вдруг из груди матери страшная догадка, и никто не мог ее успокоить.

Доктор взял ребенка на руки, быстро повернул к свету и заглянул в глаза. Он слегка смутился и, сказав несколько незначащих фраз, уехал, обещая вернуться дня через два.

Мать плакала и билась, как подстреленная птица, прижимая ребенка к своей груди, между тем как глаза мальчика глядели все тем же неподвижным и суровым взглядом.

Доктор действительно вернулся дня через два, захватив с собой офтальмоскоп[3]. Он зажег свечку, приближал и удалял ее от детского глаза, заглядывал в него и, наконец, сказал с смущенным видом:

— К сожалению, сударыня, вы не ошиблись... Мальчик действительно слеп, и притом безнадежно...

Мать выслушала это известие с спокойной грустью.

— Я знала давно, — сказала она тихо.

III

Семейство, в котором родился слепой мальчик, было немногочисленно. Кроме названных уже лиц, оно состояло еще из отца и "дяди Максима", как звали его все без исключения

---

[2] Координировать — согласовывать, устанавливать правильные соотношения

[3] Офтальмоскоп — медицинский инструмент, специальное зеркало, употребляемое для исследования дна глазного яблока

домочадцы и даже посторонние. Отец был похож на тысячу других деревенских помещиков Юго—западного края: он был добродушен, даже, пожалуй, добр, хорошо смотрел за рабочими и очень любил строить и перестраивать мельницы. Это занятие поглощало почти все его время, и потому голос его раздавался в доме только в известные, определенные часы дня, совпадавшие с обедом, завтраком и другими событиями в том же роде. В этих случаях он всегда произносил неизменную фразу: "Здорова ли ты, моя голубка?" — после чего усаживался за стол и уже почти ничего не говорил, разве изредка сообщал что—либо о дубовых валах и шестернях. Понятно, что его мирное и незатейливое существование мало отражалось на душевном складе его сына. Зато дядя Максим был совсем в другом роде. Лет за десять до описываемых событий дядя Максим был известен за самого опасного забияку не только в окрестностях его имения, но даже в Киеве на "Контрактах"[4]. Все удивлялись, как это в таком почтенном во всех отношениях семействе, каково было семейство пани Попельской, урожденной Яценко, мог выдаться такой ужасный братец. Никто не знал, как следует с ним держаться и чем ему угодить. На любезности панов он отвечал дерзостями, а мужикам спускал своеволие и грубости, на которые самый смирный из "шляхтичей" непременно бы отвечал оплеухами. Наконец, к великой радости всех благомыслящих людей[5], дядя Максим за что—то сильно осердился на австрийцев[6] и уехал в Италию; там он примкнул к такому же забияке и еретику[7] — Гарибальди[8],

---

[4] "Контракты" — местное название некогда славной киевской ярмарки. (Примеч. автора)
[5] Благомыслящие люди. — До революции так официально назывались сторонники существующей власти, враждебно настроенные по отношению к революционной деятельности
[6] Осердился на австрийцев — возмутился австрийцами, под гнетом которых тогда находилась Италия
[7] Еретик — здесь: человек, отступивший от общепринятых взглядов
[8] Гарибальди Джузеппе (1807 — 1882) — вождь национально—освободительного движения в Италии в середине XIX века,

который, как с ужасом передавали паны помещики, побратался с чертом и в грош не ставит самого папу[9]. Конечно, таким образом Максим навеки погубил свою беспокойную схизматическую[10] душу, зато "Контракты" проходили с меньшими скандалами, и многие благородные мамаши перестали беспокоиться за участь своих сыновей.

Должно быть, австрийцы тоже крепко осердились на дядю Максима. По временам в Курьерке, исстари любимой газете панов помещиков, упоминалось в реляциях[11] его имя в числе отчаянных гарибальдийских сподвижников, пока однажды из того же Курьерка паны не узнали, что Максим упал вместе с лошадью на поле сражения. Разъяренные австрийцы, давно уже, очевидно, точившие зубы на заядлого волынца[12] (которым, чуть ли не одним, по мнению его соотечественников, держался еще Гарибальди), изрубили его, как капусту.

— Плохо кончил Максим, — сказали себе паны и приписали это специальному заступничеству св. Петра за своего намесника. Максима считали умершим.

Оказалось, однако, что австрийские сабли не сумели выгнать из Максима его упрямую душу и она осталась, хотя я в сильно попорченном теле. Гарибальдийские забияки вынесли своего достойного товарища из свалки, отдали его куда—то в госпиталь, и вот, через несколько лет, Максим неожиданно явился в дом своей сестры, где и остался.

Теперь ему было уже не до дуэлей. Правую ногу ему совсем отрезали, и потому он ходил на костыле, а левая рука была повреждена и годилась только на то, чтобы кое—как опираться на палку. Да и вообще он стал серьезнее, угомонился, и только

возглавлявший борьбу итальянского народа против австрийского гнета

[9] Папа — римский папа, верховный глава римско—католической церкви

[10] Схизматическая (греч.) — еретическая

[11] Реляция — донесение, доклад

[12] Волынец — уроженец Волыни, Волынской губернии в Юго—западном крае

по временам его острый язык действовал так же метко, как некогда сабля. Он перестал ездить на "Контракты", редко являлся в общество и большую часть времени проводил в своей библиотеке за чтением каких—то книг, о которых никто ничего не знал, за исключением предположения, что книги совершенно безбожные. Он также писал что—то, но так как его работы никогда не являлись в Курьерке, то никто не придавал им серьезного значения.

В то время, когда в деревенском домике появилось и стало расти новое существо, в коротко остриженных волосах дяди Максима уже пробивалась серебристая проседь. Плечи от постоянного упора костылей поднялись, туловище приняло квадратную форму. Странная наружность, угрюмо сдвинутые брови, стук костылей и клубы табачного дыма, которыми он постоянно окружал себя, не выпуская изо рта трубки, — все это пугало посторонних, и только близкие к инвалиду люди знали, что в изрубленном теле бьется горячее и доброе сердце, а в большой квадратной голове, покрытой щетиной густых волос, работает неутомонная мысль.

Но даже и близкие люди не знали, над каким вопросом работала эта мысль в то время. Они видели только, что дядя Максим, окруженный синим дымом, просиживает по временам целые часы неподвижно, с отуманенным взглядом и угрюмо сдвинутыми густыми бровями. Между тем изувеченный боец думал о том, что жизнь — борьба и что в ней нет места для инвалидов. Ему приходило в голову, что он навсегда выбыл уже из рядов и теперь напрасно загружает собою фурштат[13]; ему казалось, что он рыцарь, выбитый из седла жизнью и поверженный в прах. Не малодушно ли извиваться в пыли, подобно раздавленному червяку; не малодушно ля хвататься за стремя победителя, вымаливая у него жалкие остатки собственного существования?

Пока дядя Максим с холодным мужеством обсуждал эту жгучую мысль, соображая и сопоставляя доводы за и против, перед его глазами стало мелькать новое существо, которому

---

[13] Фурштат (нем.) — военный обоз

судьба судила явиться на свет уже инвалидом. Сначала он не обращал внимания на слепого ребенка, но потом странное сходство судьбы мальчика с его собственною заинтересовало дядю Максима.

— Гм... да, — задумчиво сказал он однажды, искоса поглядывая на мальчишку, — этот малый тоже инвалид. Если сложить нас обоих вместе, пожалуй, вышел бы один лядащий[14] человечишко.

С тех пор его взгляд стал останавливаться на ребенке все чаще и чаще.

IV

Ребенок родился слепым. Кто виноват в его несчастии? Никто! Тут не только не было и тени чьей—либо "злой воли", но даже самая причина несчастия скрыта где—то в глубине таинственных и сложных процессов жизни. А между тем при всяком взгляде на слепого мальчика сердце матери сжималось от острой боли. Конечно, она страдала в этом случае, как мать, отражением сыновнего недуга и мрачным предчувствием тяжелого будущего, которое ожидало ее ребенка; но, кроме этих чувств, в глубине сердца молодой женщины щемило также сознание, что причина несчастия лежала в виде грозной возможности в тех, кто дал ему жизнь... Этого было достаточно, чтобы маленькое существо с прекрасными, ко незрячими глазами стало центром семьи, бессознательным деспотом, с малейшей прихотью которого сообразовалось все в доме.

Неизвестно, что вышло бы со временем из мальчика, предрасположенного к беспредметной озлобленности своим несчастием и в котором все окружающее стремилось развить эгоизм, если бы странная судьба и австрийские сабли не заставили дядю Максима поселиться в деревне, в семье сестры.

---

[14] Лядащий — слабосильный, невзрачный

Присутствие в доме слепого мальчика постепенно и нечувствительно дало деятельной мысли изувеченного бойца другое направление. Он все так же просиживал целые часы, дымя трубкой, но в глазах, вместо глубокой и тупой боли, виднелось теперь вдумчивое выражение заинтересованного наблюдателя. И чем более присматривался дядя Максим, тем чаще хмурились его густые брови, и он все усиленнее пыхтел своею трубкой. Наконец, однажды он решился на вмешательство.

— Этот малый, — сказал он, пуская кольцо за кольцом, — будет еще гораздо несчастнее меня. Лучше бы ему не родиться.

Молодая женщина низко опустила голову, и слеза упала на ее работу.

— Жестоко напоминать мне об этом, Макс, — сказала она тихо, — напоминать без цели...

— Я говорю только правду, — ответил Максим. — У меня нет ноги и руки, но есть глаза. У малого нет глаз, со временем не будет ни рук, ни ног, ни воли...

— Отчего же?

— Пойми меня, Анна, — сказал Максим мягче. — Я не стал бы напрасно говорить тебе жестокие вещи. У мальчика тонкая нервная организация. У него пока есть все шансы развить остальные свои способности до такой степени, чтобы хотя отчасти вознаградить его слепоту. Но для этого нужно упражнение, а упражнение вызывается только необходимостью. Глупая заботливость, устраняющая от него необходимость усилий, убивает в нем все шансы на более полную жизнь.

Мать была умна и потому сумела победить в себе непосредственное побуждение, заставлявшее ее кидаться сломя голову при каждом жалобном крике ребенка. Спустя несколько месяцев после этого разговора мальчик свободно и быстро ползал по комнатам, настораживая слух навстречу всякому звуку, и с какою—то необычною в других детях живостью ощупывал всякий предмет, попадавший в руки.

V

Мать он скоро научился узнавать по походке, по шелесту платья, по каким—то еще, ему одному доступным, неуловимым для других признакам: сколько бы ни было в комнате людей, как бы они ни передвигались, он всегда направлялся безошибочно в ту сторону, где она сидела. Когда она неожиданно брала его на руки, он все же сразу узнавал, что сидит у матери. Когда же его брали другие, он быстро начинал ощупывать своими ручонками лицо взявшего его человека и тоже скоро узнавал няньку, дядю Максима, отца. Но если он попадал к человеку незнакомому, тогда движения маленьких рук становились медленнее: мальчик осторожно и внимательно проводил ими по незнакомому лицу; и его черты выражали напряженное внимание; он как будто "вглядывался" кончиками своих пальцев.

По натуре он был очень живым и подвижным ребенком, но месяцы шли за месяцами, и слепота все более налагала свой отпечаток на темперамент мальчика, начинавший определяться. Живость движений понемногу терялась; он стал забиваться в укромные уголки и сидел там по целым часам смирно, с застывшими чертами лица, как будто к чему—то прислушиваясь. Когда в комнате бывало тихо и смена разнообразных звуков не развлекала его внимания, ребенок, казалось, думал о чем—то с недоумелым и удивленным выражением на красивом и не по—детски серьезном лице.

Дядя Максим угадал: тонкая и богатая нервная организация мальчика брала свое и восприимчивостью к ощущениям осязания и слуха как бы стремилась восстановить до известной степени полноту своих восприятий. Всех удивляла поразительная тонкость его осязания, По временам казалось даже, что он не чужд ощущения цветов; когда ему в руки попадали ярко окрашенные лоскутья, он дольше останавливал на них свои тонкие пальцы, и по лицу его проходило выражение удивительного внимания. Однако со временем стало выясняться все более и более, что развитие восприимчивости идет главным образом в сторону слуха.

Вскоре он изучил в совершенстве комнаты по их звукам: различал походку домашних, скрип стула под инвалидом— дядей, сухое, размеренное шорканье нитки в руках матери, ровное тикание стенных часов. Иногда, ползая вдоль стены, он чутко прислушивался к легкому, неслышному для других шороху и, подняв руку, тянулся ею за бегавшею по обоям мухой. Когда испуганное насекомое снималось с места и улетало, на лице слепого являлось выражение болезненного недоумения. Он не мог отдать себе отчета в таинственном исчезновении мухи. Но впоследствии и в таких случаях лицо его сохраняло выражение осмысленного внимания: он поворачивал голову в ту сторону, куда улетала муха, — изощренный слух улавливал в воздухе тонкий звон ее крыльев.

Мир, сверкавший, двигавшийся и звучавший вокруг, в маленькую головку слепого проникал главным образом в форме звуков, и в эти формы отливались его представления. На лице застывало особенное внимание к звукам: нижняя челюсть слегка оттягивалась вперед на тонкой и удлинившейся шее. Брови приобретали особенную подвижность, а красивые, но неподвижные глаза придавали лицу слепого какой—то суровый и вместе с тем трогательный отпечаток.

VI

Третья зима его жизни приходила к концу. На дворе уже таял снег, звенели весенние потоки, и вместе с тем здоровье мальчика, который зимой все прихварывал и потому всю ее провел в комнатах, не выходя на воздух, стало поправляться.

Вынули вторые рамы, и весна ворвалась в комнату с удвоенной силой. В залитые светом окна глядело смеющееся весеннее солнце, качались голые еще ветки буков, вдали чернели нивы, по которым местами лежали белые пятна тающих снегов, местами же пробивалась чуть заметною зеленью молодая трава. Всем дышалось вольнее и лучше, на всех весна отражалась приливом обновленной и бодрой жизненной силы.

Для слепого мальчика она врывалась в комнату только своим торопливым шумом. Он слышал, как бегут потоки весенней воды, точно вдогонку друг за другом, прыгая по камням, прорезаясь в глубину размякшей земли; ветки буков шептались за окнами, сталкиваясь и звеня легкими ударами по стеклам. А торопливая весенняя капель от нависших на крыше сосулек, прихваченных утренним морозом и теперь разогретых солнцем, стучала тысячью звонких ударов. Эти звуки падали в комнату, подобно ярким и звонким камешкам, быстро отбивавшим переливчатую дробь. По временам сквозь этот звон и шум окрики журавлей плавно проносились с далекой высоты и постепенно смолкали, точно тихо тая в воздухе.

На лице мальчика это оживление природы сказывалось болезненным недоумением. Он с усилием сдвигал свои брови, вытягивал шею, прислушивался и затем, как будто встревоженный непонятною суетой звуков, вдруг протягивал руки, разыскивая мать, и кидался к ней, крепко прижимаясь к ее груди.

— Что это с ним? — спрашивала мать себя и других.

Дядя Максим внимательно вглядывался в лицо мальчика и не мог объяснить его непонятной тревоги.

— Он... не может понять, — догадывалась мать, улавливая на лице сына выражение болезненного недоумения и вопроса.

Действительно, ребенок был встревожен и беспокоен: он то улавливал новые звуки, то удивлялся тому, что прежние, к которым он уже начал привыкать, вдруг смолкали и куда—то терялись.

VII

Хаос весенней неурядицы смолк. Под жаркими лучами солнца работа природы входила все больше и больше в свою колею, жизнь как будто напрягалась, ее поступательный[15] ход становился стремительнее, точно бег разошедшегося поезда. В лугах зазеленела молодая травка, в воздухе носился запах березовых почек.

Мальчика решили вывести в поле, на берег ближней реки.

Мать вела его за руку. Рядом на своих костылях шел дядя Максим, и все они направлялись к береговому холмику, который достаточно уже высушили солнце и ветер. Он зеленел густой муравой, и с него открывался вид на далекое пространство.

Яркий день ударил по главам матери и Максима. Солнечные лучи согревали их лица, весенний ветер, как будто взмахивая невидимыми крыльями, сгонял эту теплоту, заменяя ее свежею прохладой. В воздухе носилось что—то опьяняющее до неги, до истомы.

Мать почувствовала, что в ее руке крепко сжалась маленькая ручка ребенка, но опьяняющее веяние весны сделало ее менее чувствительной к этому проявлению детской тревоги. Она вздыхала полной грудью и шла вперед, не оборачиваясь; если бы она сделала это, то увидела бы странное выражение на лице мальчика. Он поворачивал открытые глаза к солнцу с немым удивлением. Губы его раскрылись; он вдыхал в себя воздух быстрыми глотками, точно рыба, которую вынули из воды; выражение болезненного восторга пробивалось по временам на беспомощно—растерянном личике, пробегало по нем какими—то нервными ударами, освещая его на мгновение, и тотчас же сменялось опять выражением удивления, доходящего до испуга и недоумелого вопроса. Только одни глаза глядели все тем же ровным и неподвижным, незрячим взглядом.

---

[15] Поступательный — направленный вперед

Дойдя до холмика, они уселись на нем все трое. Когда мать приподняла мальчика с земли, чтобы посадить его поудобнее, он опять судорожно схватился за ее платье; казалось, он боялся, что упадет куда—то, как будто не чувствуя под собой земли. Но мать и на этот раз не заметила тревожного движения, потому что ее глаза и внимание были прикованы к чудной весенней картине.

Был полдень. Солнце тихо катилось по синему небу. С холма, на котором они сидели, виднелась широко разлившаяся река. Она пронесла уже свои льдины, и только по временам на ее поверхности плыли и таяли кое—где последние из них, выделяясь белыми пятнышками, На поемных лугах[16] стояла вода широкими лиманами[17]; белые облачка, отражаясь в них вместе с опрокинутым лазурным сводом, тихо плыли в глубине и исчезали, как будто и они таяли, подобно льдинам. Временами пробегала от ветра легкая рябь, сверкая на солнце. Дальше за рекой чернели разопревшие нивы и парили, застилая реющею, колеблющеюся дымкой дальние лачуги, крытые соломой, и смутно зарисовавшуюся синюю полоску леса. Земля как будто вздыхала, и что—то подымалось от нее к небу, как клубы жертвенного фимиама[18].

Природа раскинулась кругом, точно великий храм, приготовленный к празднику. Но для слепого это была только необъяснимая тьма, которая необычно волновалась вокруг, шевелилась, рокотала и звенела, протягиваясь к нему, прикасаясь к его душе со всех сторон неизведанными еще, необычными впечатлениями, от наплыва которых болезненно билось детское сердце.

С первых же шагов, когда лучи теплого дня ударили ему в лицо, согрели нежную кожу, он инстинктивно поворачивал к солнцу свои незрячие глаза, как будто чувствуя, к какому центру тяготеет все окружающее. Для него не было ни этой

---

[16] Поемные луга — луга, заливаемые водой во время разлива реки
[17] Лиман — залив
[18] Жертвенный фимиам — дым ароматных веществ, сжигаемых при приношении жертвы божеству по обрядам некоторых религий

прозрачной дали, ни лазурного свода, ни широко раздвинутого горизонта. Он чувствовал только, как что—то материальное, ласкающее и теплое касается его лица ножным, согревающим прикосновением. Потом кто—то прохладный и легкий, хотя и менее легкий, чем тепло солнечных лучей, снимает с его лица эту негу и пробегает по нем ощущением свежей прохлады. В комнатах мальчик привык двигаться свободно, чувствуя вокруг себя пустоту. Здесь же его охватили какие—то странно сменявшиеся волны, то нежно ласкающие, то щекочущие и опьяняющие. Теплые прикосновения солнца быстро обмахивались кем—то, и струя ветра, звеня в уши, охватывая лицо, виски, голову до самого затылка, тянулась вокруг, как будто стараясь подхватить мальчика, увлечь его куда—то в пространство, которого он не мог видеть, унося сознание, навевая забывчивую истому. Тогда—то рука мальчика крепче сжимала руку матери, а его сердце замирало и, казалось, вот—вот совсем перестанет биться.

Когда его усадили, он как будто несколько успокоился. Теперь, несмотря на странное ощущение, переполнившее все его существо, он все же стал было различать отдельные звуки. Темные ласковые волны неслись по—прежнему неудержимо, ему казалось, что они проникают внутрь его тела, так как удары его всколыхавшейся крови подымались и опускались вместе с ударами этих волн. Но теперь они приносили с собой то яркую трель жаворонка, то тихий шелест распустившейся березки, то чуть слышные всплески реки. Ласточка свистела легким крылом, описывая невдалеке причудливые круги, звенели мошки, и над всем этим проносился порой протяжный и печальный окрик пахаря на равнине, понукавшего волов над распахиваемой полоской.

Но мальчик не мог схватить этих звуков в их целом, не мог соединить их, расположить в перспективу[19] . Они как будто падали, проникая в темную головку, один за другим, то тихие, неясные, то громкие, яркие, оглушающие. По временам они

---

[19] То есть не мог уяснить себе степень отдаленности или близости долетавших до него звуков

толпились одновременно, неприятно смешиваясь в непонятную дисгармонию[20]. А ветер с поля все свистел в уши, и мальчику казалось, что волны бегут быстрее и их рокот застилает все остальные звуки, которые несутся теперь откуда—то о другого мира, точно воспоминание о вчерашнем дне. И по мере того как звуки тускнели, в грудь мальчика вливалось ощущение какой—то щекочущей истомы. Лицо подергивалось ритмически пробегавшими по нем переливами; глаза то закрывались, то открывались опять, брови тревожно двигались, и во всех чертах пробивался вопрос, тяжелое усилие мысли и воображения. Не окрепшее еще и переполненное новыми ощущениями сознание начинало изнемогать: оно еще боролось с нахлынувшими со всех сторон впечатлениями, стремясь устоять среди них, слить их в одно целое и таким образом овладеть ими, победить их. Но задача была не по силам темному мозгу ребенка, которому недоставало для этой работы зрительных представлений.

И звуки летели и падали один за другим, все еще слишком пестрые, слишком звонкие... Охватившие мальчика волны вздымались все напряженнее, налетая из окружающего звеневшего и рокотавшего мрака и уходя в тот же мрак, сменяясь новыми волнами, новыми звуками... быстрее, выше, мучительнее подымали они его, укачивали, баюкали... Еще раз пролетела над этим тускнеющим хаосом длинная и печальная нота человеческого окрика, и затем все сразу смолкло.

Мальчик тихо застонал и откинулся назад на траву. Мать быстро повернулась к нему и тоже вскрикнула: он лежал на траве, бледный, в глубоком обмороке.

---

[20] Дисгармония — несозвучность, разноголосица

VIII

Дядя Максим был очень встревожен этим случаем. С некоторых пор он стал выписывать книги по физиологии[21], психологии[22] и педагогике[23] и с обычною своей энергией занялся изучением всего, что дает наука по отношению к таинственному росту и развитию детской души.

Эта работа завлекала его все больше и больше, и поэтому мрачные мысли о непригодности к житейской борьбе, о "червяке, пресмыкающемся в пыли", и о "фурштате" давно уже незаметно улетучились из квадратной головы ветерана[24]. На их месте воцарилось в этой голове вдумчивое внимание, по временам даже розовые мечты согревали стареющее сердце. Дядя Максим убеждался все более и более, что природа, отказавшая мальчику в зрении, не обидела его в других отношениях; это было существо, которое отзывалось на доступные ему внешние впечатления с замечательною полнотой и силой. И дяде Максиму казалось, что он призван к тому, чтобы развить присущие мальчику задатки, чтоб усилием своей мысли и своего влияния уравновесить несправедливость слепой судьбы, чтоб вместо себя поставить в ряды бойцов за дело жизни нового рекрута[25], на которого, без его влияния, никто не мог рассчитывать.

"Кто знает, — думал старый гарибальдиец, — ведь бороться можно не только копьем и саблей. Быть может, несправедливо обиженный судьбою подымет со временем доступное ему

---

[21] Физиология — наука, изучающая функции отправления организма человека и животных
[22] Психология — наука, изучающая психику человека, то есть его душевную организацию, процессы ощущения, восприятия, мышления, чувства
[23] Педагогика — наука о методах воспитания и обучения
[24] Ветеран — престарелый, испытанный в боях воин
[25] Рекрут — новобранец; здесь: новый борец за социальную справедливость

оружие в защиту других, обездоленных жизнью, и тогда я недаром проживу на свете, изувеченный старый солдат... "

Даже свободным мыслителям сороковых и пятидесятых годов не было чуждо суеверное представление о "таинственных предначертаниях" природы. Не мудрено поэтому, что по мере развития ребенка, выказывавшего недюжинные способности, дядя Максим утвердился окончательно в убеждении, что самая слепота есть лишь одно из проявлений этих "таинственных предначертаний". "Обездоленный за обиженных" — вот девиз, который он выставил заранее на боевом знамени своего питомца.

IX

После первой весенней прогулки мальчик пролежал несколько дней в бреду. Он то лежал неподвижно и безмолвно в своей постели, то бормотал что—то и к чему—то прислушивался. И во все это время с его лица не сходило характерное выражение недоумения.

— Право, он глядит так, как будто старается понять что—то и не может, — говорила молодая мать.

Максим задумывался и кивал головой. Он понял, что странная тревога мальчика и внезапный обморок объяснялись обилием впечатлений, с которыми не могло справиться сознание, и решился допускать к выздоравливавшему мальчику эти впечатления постепенно, так сказать, расчлененными на составные части. В комнате, где лежал больной, окна были плотно закрыты. Потом, по мере выздоровления, их открывали на время, затем его водили по комнатам, выводили на крыльцо, на двор, в сад. И каждый раз, как на лице слепого являлось тревожное выражение, мать объясняла ему поражавшие его звуки.

— Рожок пастуха слышен за лесом, — говорила она. — А это из—за щебетания воробьиной стаи слышен голос малиновки. Аист клекочет на своем колесе[26]. Он прилетел на днях из далеких краев и строит гнездо на старом месте.

И мальчик поворачивал к ней свое лицо, светившееся благодарностью, брал ее руку и кивал головой, продолжая прислушиваться с вдумчивым и осмысленным вниманием.

X

Он начинал расспрашивать обо всем, что привлекало его внимание, и мать или, еще чаще, дядя Максим рассказывали ему о разных предметах и существах, издававших те или другие звуки. Рассказы матери, более живые и яркие, производили на мальчика большее впечатление, но по временам впечатление это бывало слишком болезненно. Молодая женщина, страдая сама, с растроганным лицом, с глазами, глядевшими с беспомощною жалобой и болью, старалась дать своему ребенку понятие о формах и цветах. Мальчик напрягал внимание, сдвигал брови, на лбу его являлись даже легкие морщинки. Видимо, детская головка работала над непосильною задачей, темное воображение билось, стремясь создать из косвенных данных новое представление, но из этого ничего не выходило. Дядя Максим всегда недовольно хмурился в таких случаях, и, когда на глазах матери являлись слезы, а лицо ребенка бледнело от сосредоточенных усилий, тогда Максим вмешивался в разговор, отстранял сестру и начинал свои рассказы, в которых, по возможности, прибегал только к пространственным и звуковым представлениям. Лицо слепого становилось спокойнее.

— Ну, а какой он? большой? — спрашивал он про аиста, отбивавшего на своем столбе ленивую барабанную дробь.

---

[26] В Малороссии и Польше для аистов ставят высокие столбы и надевают на них старые колеса, на которых птица завивает гнездо. (Примеч. автора)

И при этом мальчик раздвигал руки. Он делал это обыкновенно при подобных вопросах, а дядя Максим указывал ему, когда следовало остановиться. Теперь он совсем раздвинул свои маленькие ручонки, но дядя Максим сказал:

— Нет, он еще гораздо больше. Если бы привести его в комнату и поставить на полу, то голова его была бы выше спинки стула.

— Большой... — задумчиво произнес мальчик. — А малиновка — вот! — и он чуть-чуть развел сложенные вместе ладони.

— Да, малиновка такая... Зато большие птицы никогда не поют так хорошо, как маленькие. Малиновка старается, чтобы всем было приятно ее слушать. А аист — серьезная птица, стоит себе на одной ноге в гнезде, озирается кругом, точно сердитый хозяин на работников, и громко ворчит, не заботясь о том, что голос у него хриплый и его могут слышать посторонние.

Мальчик смеялся, слушая эти описания, и забывал на время о своих тяжелых попытках понять рассказы матери. Но все же эти рассказы привлекали его сильнее, и он предпочитал обращаться с расспросами к ней, а не к дяде Максиму.

ГЛАВА ВТОРАЯ

I

Темная голова ребенка обогащалась новыми представлениями; посредством сильно изощренного слуха он проникал все дальше в окружавшую его природу. Над ним и вокруг него по—прежнему стоял глубокий, непроницаемый мрак; мрак этот навис над его мозгом тяжелою тучей, и хотя он залег над ним со дня рождения, хотя, по—видимому, мальчик должен был свыкнуться с своим несчастьем, однако детская природа по какому—то инстинкту беспрестанно силилась освободиться от темной завесы. Эти не оставлявшие ребенка ни на минуту бессознательные порывы к незнакомому ему свету отпечатлевались на его лице все глубже и глубже выражением смутного страдающего усилия.

Тем не менее бывали и для него минуты ясного довольства ярких детских восторгов, и это случалось тогда, когда доступные для него внешние впечатления доставляли ему новое сильное ощущение, знакомили с новыми явлениями невидимого мира. Великая, могучая природа не оставалась для слепого совершенно закрытою. Так, однажды, когда его свели на высокий утес над рекой, он с особенным выражением прислушивался к тихим всплескам реки далеко под ногами и с замиранием сердца хватался за платье матери, слушая, как катились вниз обрывавшиеся из—под ноги его камни. С тех пор он представлял себе глубину в виде тихого ропота воды у подножия утеса или в виде испуганного шороха падавших вниз камешков.

Даль звучала в его ушах смутно замиравшею песней; когда же по небу гулко перекатывался весенний гром, заполняя собой пространство и с сердитым рокотом теряясь за тучами, слепой мальчик прислушивался к этому рокоту с благоговейным испугом, и сердце его расширялось, а в голове возникало величавое представление о просторе поднебесных высот.

Таким образом, звуки были для него глазным непосредственным выражением внешнего мира; остальные впечатления служили только дополнением к впечатлениям слуха, в которые отливались его представления, как в формы.

По временам, в жаркий полдень, когда вокруг все смолкало, когда затихало людское движение и в природе устанавливалась та особенная тишина, под которой чуется только непрерывный, бесшумный бег жизненной силы, на лице слепого мальчика являлось характерное выражение. Казалось, под влиянием внешней тишины из глубины его души подымались какие—то ему одному доступные звуки, к которым он будто прислушивался с напряженным вниманием. Можно было подумать, глядя на него в такие минуты, что зарождающаяся неясная мысль начинает звучать в его сердце, как смутная мелодия песни.

II

Ему шел уже пятый год. Он был тонок и слаб, но ходил и даже бегал свободно по всему дому. Кто смотрел на него, как он уверенно выступал в комнатах, поворачивая именно там, где надо, и свободно разыскивая нужные ему предметы, тот мог бы подумать, если это был незнакомый человек, что перед ним не слепой, а только странно сосредоточенный ребенок с задумчивыми и глядевшими в неопределенную даль глазами. Но уже по двору он ходил с большим трудом, постукивая перед собой палкой. Если же в руках у него не было палки, то он предпочитал ползать по земле, быстро исследуя руками попадавшиеся на пути предметы.

III

Был тихий летний вечер. Дядя Максим сидел в саду. Отец, по обыкновению, захлопотался где—то в дальнем поле. На дворе и кругом было тихо; селение засыпало, в людской тоже смолк говор работников и прислуги. Мальчика уже с полчаса уложили в постель.

Он лежал в полудремоте. С некоторых пор у него с этим тихим часом стало связываться странное воспоминание. Он, конечно, не видел, как темнело синее небо, как черные верхушки деревьев качались, рисуясь на звездной лазури, как хмурились лохматые "стрехи"[27] стоявших кругом двора строений, как синяя мгла разливалась по земле вместе с тонким золотом лунного и звездного света. Но вот уже несколько дней он засыпал под каким—то особенным, чарующим впечатлением, в котором на другой день не мог дать себе отчета.

Когда дремота все гуще застилала его сознание, когда смутный шелест буков совсем стихал и он переставал уже различать и дальний лай деревенских собак, и щелканье соловья за рекой, и меланхолическое[28] позвякивание бубенчиков, подвязанных к пасущемуся на лугу жеребенку, — когда все отдельные звуки стушевывались и терялись, ему начинало казаться, что все они, слившись в одну стройную гармонию[29], тихо влетают в окно и долго кружатся над его постелью, навевая неопределенные, но удивительно приятные грезы. Наутро он просыпался разнеженный и обращался к матери с живым вопросом:

— Что это было... вчера? Что это такое?..

Мать не знала, в чем дело, и думала, что ребенка волнуют сны. Она сама укладывала его в постель, заботливо крестила и уходила, когда он начинал дремать, не замечая при этом

---

[27] "Стреха" — крыша, кровля
[28] Меланхолическое — унылое, тоскливое
[29] Гармония — благозвучие, стройность звуков

22

ничего особенного. Но на другой день мальчик опять говорил ей о чем—то приятно тревожившем его с вечера.

— Так хорошо, мама, так хорошо! Что же это такое?

В этот вечер она решилась остаться у постели ребенка подольше, чтобы разъяснить себе странную загадку. Она сидела на стуле, рядом с его кроваткой, машинально перебирая петли вязанья и прислушиваясь к ровному дыханию своего Петруся. Казалось, он совсем уже заснул, как вдруг в темноте послышался его тихий голос:

— Мама, ты здесь?

— Да, да, мой мальчик...

— Уйди, пожалуйста, оно боится тебя, и до сих пор его нет. Я уже совсем было заснул, а этого все нет...

Удивленная мать с каким—то странным чувством слушала этот полусонный, жалобный шепот... Ребенок говорил о своих сонных грезах с такою уверенностью, как будто это что—то реальное. Тем не менее мать встала, наклонилась к мальчику, чтобы поцеловать его, и тихо вышла, решившись незаметно подойти к открытому окну со стороны сада.

Не успела она сделать своего обхода, как загадка разъяснилась. Она услышала вдруг тихие, переливчатые тоны свирели, которые неслись из конюшни, смешиваясь с шорохом южного вечера. Она сразу поняла, что именно эти нехитрые переливы простой мелодии, совпадавшие с фантастическим часом дремоты, так приятно настраивали воспоминания мальчика.

Она сама остановилась, постояла с минуту, прислушиваясь к задушевным напевам малорусской[30] песни, и, совершенно успокоенная, ушла в темную аллею сада к дяде Максиму.

"Хорошо играет Иохим, — подумала она. — Странно, сколько тонкого чувства в этом грубоватом на вид "хлопе"[31].

---

[30] Малорусская — украинская. Малороссия — дореволюционное название Украины

[31] "Хлоп" (польск.) — крестьянин

IV

А Иохим действительно играл хорошо. Ему нипочем была даже и хитрая скрипка, и было время, когда в корчме, по воскресеньям, никто лучше не мог сыграть "казака"[32] или веселого польского "краковяка"[33]. Когда, бывало, он, усевшись в углу, крепко приснув скрипку бритым подбородком и ухарски заломив высокую смушковую шапку на затылок, ударял кривым смычком по упругим струнам, тогда редко кто в корчме мог усидеть на месте. Даже старый одноглазый еврей, аккомпанировавший Иохиму на контрабасе, одушевлялся до последней степени. Его неуклюжий "струмент", казалось, надрывается от усилий, чтобы поспеть своими тяжелыми басовыми нотами за легкими, певучими и прыгающими тонами Иохимовой скрипки, а сам старый Янкель, высоко подергивая плечами, вертел лысой головой в ермолке и весь подпрыгивал в такт шаловливой и бойкой мелодии. Что же говорить о крещеном народе, у которого ноги устроены исстари таким образом, что при первых звуках веселого плясового напева сами начинают подгибаться и притопывать.

Но с тех пор как Иохиму полюбилась Марья, дворовая девка соседнего пана, он что—то не залюбил веселую скрипку. Правда, что скрипка не помогла ему победить сердце вострой девки, и Марья предпочла безусую немецкую физиономию барского камердинера усатой "пыке"[34] хохла—музыканта. С тех пор его скрипки не слыхали более в корчме и на вечерницах[35]. Он повесил ее на колышке в конюшне и не обращал внимания на то, что от сырости и его нерадения на любимом прежде инструменте то и дело одна за другой лопались струны. А они лопались с таким громким и жалобным предсмертным звоном,

---

[32] "Казак" — здесь: украинский танец "казачок"

[33] "Краковяк" — польский танец

[34] "Пыка" — по—малорусски ироническое название лица; соответствует отчасти слову "рожа". (Примеч. автора)

[35] Вечерницы (укр.) — вечеринки

что даже лошади сочувственно ржали и удивленно поворачивали головы к ожесточившемуся хозяину.

На место скрипки Иохим купил у прохожего карпатского горца деревянную дудку. Он, по—видимому, находил, что ее тихие, задушевные переливы больше соответствуют его горькой судьбе, лучше выразят печаль его отвергнутого сердца. Однако горская дудка обманула его ожидания. Он перебрал их до десятка, пробовал на все лады, обрезал, мочил в воде и сушил на солнце, подвешивал на тонкой бечевочке под крышей, чтобы ее обдувало ветром, но ничто не помогало: горская дудка не слушалась хохлацкого сердца. Она свистела там, где нужно было петь, взвизгивала тогда, когда он ждал от нее томного дрожания, и вообще никак не поддавалась его настроению. Наконец он осердился на всех бродячих горцев, убедившись окончательно, что ни один из них не в состоянии сделать хорошую дудку, и затем решился сделать ее своими руками. В течение нескольких дней он бродил с насупленными бровями по полям и болотам, подходил к каждому кустику ивы, перебирал ее ветки, срезал некоторые из них, но, по—видимому, все не находил того, что ему было нужно. Его брови были по—прежнему угрюмо сдвинуты, и он шел дальше, продолжая розыски. Наконец он попал на одно место, над лениво струившеюся речкой. Вода чуть—чуть шевелила в этой заводи[36] белые головки кувшинок, ветер не долетал сюда из—за густо разросшихся ив, которые тихо и задумчиво склонились к темной, спокойной глубине. Иохим, раздвинув кусты, подошел к речке, постоял с минуту и как—то вдруг убедился, что именно здесь он найдет то, что ему нужно. Морщины на его лбу разгладились. Он вынул из—за голенища привязанный на ремешке складной ножик и, окинув внимательным взглядом задумчиво шептавшиеся кусты ивняка, решительно подошел к тонкому, прямому стволу, качавшемуся над размытою кручей. Он зачем—то щелкнул по нем пальцем, посмотрел с удовольствием, как он упруго закачался в воздухе, прислушался к шепоту его листьев и мотнул головой.

---

[36] Заводь — часть реки около берега с замедленным течением

— Ото ж воно самесенькое, — пробормотал Иохим с удовольствием и выбросил в речку все срезанные ранее прутья.

Дудка вышла на славу. Высушив иву, он выжег ей сердце раскаленною проволокой, прожег шесть круглых отверстий, прорезал наискось седьмое и плотно заткнул один конец деревянною затычкой, оставив в ней косую узенькую щелку. Затем она целую неделю висела на бечевке, причем ее грело солнцем и обдавало звонким ветром. После этого он старательно выстругал ее ножом, почистил стеклом и крепко обтер куском грубого сукна. Верхушка у нее была круглая, от середины шли ровные, точно отполированные грани, по которым он выжег с помощью изогнутых кусочков железа разные хитрые узоры. Попробовав ее несколькими быстрыми переливами гаммы[37], он взволнованно мотнул головой, крякнул и торопливо спрятал в укромное местечко, около своей постели. Он не хотел делать первого музыкального опыта среди дневной суеты. Зато в тот же вечер из конюшни полились нежные, задумчивые, переливчатые и дрожащие трели. Иохим был совершенно доволен своей дудкой. Казалось, она была частью его самого; звуки, которые она издавала, лились будто из собственной его согретой и разнеженной груди, и каждый изгиб его чувства, каждый оттенок его скорби тотчас же дрожал в чудесной дудке, тихо срывался с нее и звучно несся вслед за другими, среди чутко слушавшего вечера.

V

Теперь Иохим был влюблен в свою дудку и праздновал с ней свой медовый месяц. Днем он аккуратно справлял обязанности конюха, водил лошадей на водопой, запрягал их, выезжал с "паней" или с Максимом. По временам, когда он

---

[37] Гамма — последовательный ряд повышающихся или понижающихся звуков

заглядывал в сторону соседнего села, где жила жестокая Марья, тоска начинала сосать его сердце. Но с наступлением вечера он забывал обо всем мире, и даже образ чернобровой девушки застилался будто туманом. Этот образ терял свою жгучую определенность, рисовался перед ним в каком—то смутном фоне и лишь настолько, чтобы придавать задумчиво—грустный характер напевам чудесной дудки.

В таком музыкальном экстазе[38], весь изливаясь в дрожащих мелодиях, лежал Иохим в конюшне и в тот вечер. Музыкант успел совершенно забыть не только жестокую красавицу, но даже потерял из вида собственное свое существование, как вдруг он вздрогнул и приподнялся на своей постели. В самом патетическом[39] месте он почувствовал, как чья—то маленькая рука быстро пробежала легкими пальцами по его лицу, скользнула по рукам и затем стала как—то торопливо ощупывать дудку. Вместе с тем он услышал возле себя чье—то быстрое, взволнованное, короткое дыхание.

— Цур тобі, пек тобі![40] — произнес он обычное заклинание и тут же прибавил вопрос: — Чертове, чи[41] боже? — желая узнать, не имеет ли он дела с нечистою силой.

Но тотчас же скользнувший в открытые ворота конюшни луч месяца показал ему, что он ошибся. У его койки стоял слепой панич[42] и жадно тянулся к нему своими ручонками.

Через час мать, пожелавшая взглянуть на спящего Петруся, не нашла его в постели. Она испугалась сначала, но вскоре материнская сметка подсказала ей, где нужно искать пропавшего мальчика. Иохим очень сконфузился, когда, остановившись, чтобы сделать передышку, он неожиданно увидел в дверях конюшни "милостивую пани". Она, по—видимому, уже несколько минут стояла на этом месте, слушая его игру и глядя на своего мальчика, который сидел на койке,

---

[38] Экстаз — здесь: сильное напряжение, высшая степень восторга

[39] Патетическое — волнующее

[40] Цур тобі, пек тобі! (укр.) — Чур тебя, сгинь, пропади!

[41] Чи (укр.) — или

[42] Панич (укр.) — барич, барчук

укутанный в полушубок Иохима, и все еще жадно прислушивался к оборванной песне.

VI

С тех пор каждый вечер мальчик являлся к Иохиму в конюшню. Ему не приходило и в голову просить Иохима сыграть что—нибудь днем. Казалось, дневная суета и движение исключали в его представлении возможность этих тихих мелодий. Но как только на землю опускался вечер, Петрусь испытывал лихорадочное нетерпение. Вечерний чай и ужин служили для него лишь указанием, что желанная минута близка, и мать, которой как—то инстинктивно не нравились эти музыкальные сеансы, все же не могла запретить своему любимцу бежать к дударю и просиживать у него в конюшне часа два перед сном. Эти часы стали теперь для мальчика самым счастливым временем, и мать с жгучею ревностью видела, что вечерние впечатления владеют ребенком даже в течение следующего дня, что даже на ее ласки он не отвечает с прежнею безраздельностью, что, сидя у нее на руках и обнимая ее, он с задумчивым видом вспоминает вчерашнюю песню Иохима.

Тогда она вспомнила, что несколько лет назад, обучаясь в киевском пансионе[43] пани Радецкой, она, между прочими "приятными искусствами", изучала также и музыку. Правда, само по себе это воспоминание было не из особенно сладких, потому что связывалось с представлением об учительнице, старой немецкой девице Клапс, очень тощей, очень прозаичной и, главное, очень сердитой. Эта чрезвычайно желчная дева, очень искусно "выламывавшая" пальцы своих

---

[43] Пансион — среднее учебное заведение; в женских пансионах главное внимание было обращено на рукоделие, умение говорить по французски и на хорошие манеры

учениц, чтобы придать им необходимую гибкость, вместе с тем с замечательным успехом убивала в своих питомицах всякие признаки чувства музыкальной поэзии. Это пугливое чувство не могло выносить уже одного присутствия девицы Клапс, не говоря об ее педагогических приемах. Поэтому, выйдя из пансиона и даже замужем, Анна Михайловна и не подумала о возобновлении своих музыкальных упражнений. Но теперь, слушая хохла—дударя, она чувствовала, что вместе с ревностью к нему в ее душе постепенно пробуждается ощущение живой мелодии, а образ немецкой девицы тускнеет. В результате этого процесса явилась просьба пани Попельской к мужу выписать из города пианино.

— Как хочешь, моя голубка, — ответил образцовый супруг. — Ты, кажется, не особенно любила музыку.

В тот же день послано было письмо в город, но, пока инструмент был куплен и привезен из города в деревню, должно было пройти не менее двух—трех недель.

А между тем из конюшни каждый вечер звучали мелодические призывы, и мальчик кидался туда, даже не спрашивая уже позволения матери.

Специфический[44] запах конюшни смешивался с ароматом сухой травы и острым запахом сыромятных ремней[45]. Лошади тихо жевали, шурша добываемыми из—за решетки клочьями сена; когда дударь останавливался для передышки, в конюшню явственно доносился шепот зеленых буков из сада. Петрик сидел как очарованный и слушал.

Он никогда не прерывал музыканта, и только когда тот сам останавливался и проходило две—три минуты в молчании, немое очарование сменялось в мальчике какою—то странною жадностью. Он тянулся за дудкой, брал ее дрожащими руками и прикладывал к губам. Так как при этом в груди мальчика захватывало дыхание, то первые звуки выходили у него какие—

---

[44] Специфический — особенный, свойственный исключительно чему—нибудь (здесь: конюшне)
[45] Сыромятные ремни — сделанные из сыромяти (вымоченной и промятой кожи, употребляемой на конскую упряжь)

то дрожащие и тихие. Но потом он понемногу стал овладевать немудреным инструментом. Иохим располагал его пальцы по отверстиям, и хотя маленькая ручонка едва могла захватить эти отверстия, но все асе он скоро свыкся с звуками гаммы. При этом каждая нота имела для него как бы свою особенную физиономию, свой индивидуальный характер; он знал уже, в каком отверстии живет каждый из этих тонов, откуда его нужно выпустить, и порой, когда Иохим тихо перебирал пальцами какой—нибудь несложный напев, пальцы мальчика тоже начинали шевелиться. Он с полной ясностью представлял себе последовательные тоны расположенными по их обычным местам.

VII

Наконец, ровно через три недели, из города привезли пианино. Петя стоял на дворе и внимательно слушал, как суетившиеся работники готовились нести в комнату привозную "музыку". Она была, очевидно, очень тяжелая, так как, когда ее стали подымать, телега трещала, а люди кряхтели и глубоко дышали. Вот они двинулись размеренными, тяжелыми шагами, и при каждом таком шаге над их головами что—то странно гудело, ворчало и позванивало. Когда странную музыку ставили на пол в гостиной, она опять отозвалась глухим гулом, точно угрожая кому—то в сильном гневе.

Все это наводило на мальчика чувство, близкое к испугу, и не располагало в пользу нового неодушевленного, но вместе сердитого гостя. Он ушел в сад и не слышал, как установили инструмент на ножках, как приезжий из города настройщик заводил его ключом, пробовал клавиши и настраивал проволочные струны. Только когда все было кончено, мать велела позвать в комнату Петю.

Теперь, вооружившись венским инструментом лучшего мастера, Анна Михайловна заранее торжествовала победу над нехитрою деревенской дудкой. Она была уверена, что ее Петя забудет теперь конюшню и дударя и что все свои радости будет получать от нее. Она взглянула смеющимися глазами на робко вошедшего вместе с Максимом мальчика и на Иохима, который просил позволения послушать заморскую музыку и теперь стоял у двери, застенчиво потупив глаза и свесив чуприну[46]. Когда дядя Максим и Петя уселись на кушетку, она вдруг ударила по клавишам пианино.

Она играла пьесу, которую в пансионе пани Радецкой и под руководством девицы Клапс изучила в совершенстве. Это было что—то особенно шумное, но довольно хитрое, требовавшее значительной гибкости пальцев; на публичном экзамене Анна Михайловна стяжала этой пьесой обильные похвалы и себе, и особенно своей учительнице. Никто не мог сказать этого наверное, но многие догадывались, что молчаливый пан Попельский пленился панной Яценко именно в ту короткую четверть часа, когда она исполняла трудную пьесу. Теперь молодая женщина играла ее с сознательным расчетом на другую победу: она желала сильнее привлечь к себе маленькое сердце своего сына, увлеченного хохлацкой дудкой.

Однако на этот раз ее ожидания были обмануты: венскому инструменту оказалось не по силам бороться с куском украинской вербы. Правда, у венского пианино были могучие средства: дорогое дерево, превосходные струны, отличная работа венского мастера, богатство обширного регистра[47]. Зато и у украинской дудки нашлись союзники, так как она была у себя дома, среди родственной украинской природы.

Прежде чем Иохим срезал ее своим ножом и выжег ей сердце раскаленным железом, она качалась здесь над знакомою мальчику родною речкой, ее ласкало украинское солнце, которое согревало и его, и тот же обдавал ее украинский ветер, пока зоркий глаз украинца—дударя подметил ее над размытою кручей. И теперь трудно было иностранному

---

[46] Чуприна (укр.) — длинный клок волос на голове
[47] Регистр — здесь: широта звукового объема

31

пришельцу бороться с простою местною дудкой, потому что она явилась слепому мальчику в тихий час дремоты, среди таинственного вечернего шороха, под шелест засыпавших буков, в сопровождении всей родственной украинской природы.

Да и пани Попельской далеко было до Иохима. Правда, ее тонкие пальцы были и быстрее и гибче; мелодия, которую она играла, сложнее и богаче, и много трудов положила девица Клапс, чтобы выучить свою ученицу владеть трудным инструментом. Зато у Иохима было непосредственное музыкальное чувство, он любил и грустил и с любовью своей и с тоской обращался к родной природе. Его учила несложным напевам эта природа, шум ее леса, тихий шепот степной травы, задумчивая, родная, старинная песня, которую он слушал еще над своею детскою колыбелью.

Да, трудно оказалось венскому инструменту победить хохлацкую дудку. Не прошло и одной минуты, как дядя Максим вдруг резко застучал об пол своим костылем. Когда Анна Михайловна повернулась в ту сторону, она увидела на побледневшем лице Петрика то самое выражение, с каким в памятный для нее день первой весенней прогулки мальчик лежал на траве.

Иохим участливо посмотрел на мальчика, потом кинул пренебрежительный взгляд на немецкую музыку и удалился, стукая по полу гостиной своими неуклюжими "чоботьями"[48].

VIII

Много слёз стоила бедной матери эта неудача, — слез и стыда. Ей, "милостивой пани" Попельской, слышавшей гром рукоплесканий "избранной публики", сознавать себя так жестоко пораженной, и кем же? — простым конюхом

---

[48] "Чоботьями" — сапогами

Иохимом с его глупою свистелкой! Когда она вспоминала исполненный пренебрежения взгляд хохла после ее неудачного концерта, краска гнева заливала ее лицо, и она искренне ненавидела "противного хлопа".

И, однако, каждый вечер, когда ее мальчик убегал в конюшню, она открывала окно, облокачивалась на него и жадно прислушивалась. Сначала слушала она с чувством гневного пренебрежения, стараясь лишь уловить смешные стороны в этом "глупом чириканье", но мало—помалу — она и сама не отдавала себе отчета, как это могло случиться, — "глупое чириканье" стало овладевать ее вниманием, и она уже с жадностью ловила задумчиво—грустные напевы. Спохватившись, она задала себе вопрос, в чем же их привлекательность, их чарующая тайна, и понемногу эти синие вечера, неопределенные вечерние тени и удивительная гармония песни с природой разрешили ей этот вопрос.

"Да, — думала она про себя, побежденная и завоеванная в свою очередь, — тут есть какое—то совсем особенное, истинное чувство... чарующая поэзия, которую не выучишь по нотам".

И это была правда. Тайна этой поэзии состояла в удивительной связи между давно умершим прошлым и вечно живущею, и вечно говорящею человеческому сердцу природой, свидетельницей этого прошлого. А он, грубый мужик в смазных сапогах и с мозолистыми руками, носил в себе эту гармонию, это живое чувство природы.

И она сознавала, что гордая "пани" смиряется в ней перед конюхом—хлопом. Она забывала его грубую одежду и запах дегтя, и сквозь тихие переливы песни вспоминалось ей добродушное лицо с мягким выражением серых глаз и застенчиво—юмористическою улыбкой из—под длинных усов. По временам краска гнева опять приливала к лицу и вискам молодой женщины: она чувствовала, что в борьбе из—за внимания ее ребенка она стала с этим мужиком на одну арену, на равной ноге, и он, "хлоп", победил.

А деревья в саду шептались у нее над головой, ночь разгоралась огнями в синем неба и разливалась по земле синею тьмой, и вместе с тем в душу молодой женщины лилась горячая грусть от Иохимовых песен. Она все больше смирялась и все больше училась постигать нехитрую тайну непосредственной и чистой безыскусственной поэзии.

IX

Да, у мужика Иохима истинное, живое чувство! А у нее? Неужели у нее нет ни капли этого чувства? Отчего же так жарко в груди и так тревожно бьется в ней сердце и слезы поневоле подступают к глазам?

Разве это не чувство, не жгучее чувство любви к ее обездоленному, слепому ребенку, который убегает от нее к Иохиму и которому она не умеет доставить такого же живого наслаждения?

Ей вспомнилось выражение боли, вызванное ее игрой, на лице мальчика, и жгучие слезы лились у нее из глаз, и по временам она с трудом сдерживала подступавшие к горлу и готовые вырваться рыдания.

Бедная мать! Слепота ее ребенка стала и ее вечным, неизлечимым недугом. Он сказался и в болезненно-преувеличенной нежности, и в этом всю ее поглотившем чувстве, связавшем тысячью невидимых струн ее изболевшее сердце с каждым проявлением детского страдания. По этой причине то, что в другой вызвало бы только досаду, — это странное соперничество с хохлом—дударем, — стало для нее источником сильнейших, преувеличенно—жгучих страданий.

Так шло время, не принося ей облегчения, но зато и не без пользы: она начала сознавать в себе приливы того же живого ощущения мелодии и поэзии, которое так очаровало ее в игре хохла. Тогда в ней ожила и надежда. Под влиянием внезапных приливов самоуверенности она несколько раз подходила к своему инструменту и открывала крышку с намерением заглушить певучими ударами клавишей тихую дудку. Но каждый раз чувство нерешимости и стыдливого страха удерживало ее от этих попыток. Ей вспоминалось лицо ее страдающего мальчика и пренебрежительный взгляд хохла, и щеки пылали в темноте от стыда, а рука только пробегала в воздухе над клавиатурой с боязливою жадностью...

Тем не менее изо дня в день какое—то внутреннее сознание своей силы в ней все возрастало, и, выбирая время, когда мальчик играл перед вечером в дальней аллее или уходил гулять, она садилась за пианино. Первыми опытами она осталась не особенно довольна; руки не повиновались ее внутреннему пониманию, звуки инструмента казались сначала чуждыми овладевшему ею настроению. Но постепенно это настроение переливалось в них с большею полнотой и легкостью; уроки хохла не прошли даром, а горячая любовь матери и чуткое понимание того, что именно захватывало так сильно сердце ребенка, дали ей возможность так быстро усвоить эти уроки. Теперь из—под рук выходили уже не трескучие мудреные "пьесы", а тихая песня, грустная украинская думка звенела и плакала в темных комнатах, размягчая материнское сердце.

Наконец она приобрела достаточно смелости, чтобы выступить в открытую борьбу, и вот, по вечерам, между барским домом и Иохимовой конюшней началось странное состязание. Из затененного сарая с нависшею соломенною стрехой тихо вылетали переливчатые трели дудки, а навстречу им из открытых окон усадьбы, сверкавшей сквозь листву буков отражением лунного света, неслись певучие, полные аккорды[49] фортепиано.

Сначала ни мальчик, ни Иохим не хотели обращать внимания на "хитрую" музыку усадьбы, к которой они питали предубеждение. Мальчик даже хмурил брови и нетерпеливо понукал Иохима, когда тот останавливался:

— Э! играй же, играй!

Но не прошло и трех дней, как эти остановки стали все чаще и чаще. Иохим то и дело откладывал дудку и начинал прислушиваться с возрастающим интересом, а во время этих

---

[49] Аккорд — одновременное стройное сочетание нескольких звуков

35

пауз, и мальчик тоже заслушивался и забывал понукать приятеля. Наконец Иохим произнес с задумчивым видом:

— Ото ж як гарно[50]... Бач, яка воно штука[51]...

И затем, с тем же задумчиво—рассеянным видом прислушивающегося человека, он взял мальчика на руки и пошел с ним через сад к открытому окну гостиной.

Он думал, что "милостивая пани" играет для собственного своего удовольствия и не обращает на них внимания. Но Анна Михайловна слышала в промежутках, как смолкла ее соперница—дудка, видела свою победу, и ее сердце билось от радости.

Вместе с тем ее гневное чувство к Иохиму улеглось окончательно. Она была счастлива и сознавала, что обязана этим счастьем ему: он научил ее, как спят привлечь к себе ребенка, и если теперь ее мальчик получит от нее целые сокровища новых впечатлений, то за это оба они должны быть благодарны ему, мужику—дударю, их общему учителю.

X

Лед был сломан. Мальчик на следующий день с робким любопытством вошел в гостиную, в которой не бывал с тех пор, как в ней поселился странный городской гость, показавшийся ему таким сердито—крикливым. Теперь вчерашние песни этого гостя подкупили слух мальчика и изменили его отношение к инструменту. С последними следами прежней робости он подошел к тому месту, где стояло пианино, остановился на некотором расстоянии и прислушался. В гостиной никого не было. Мать сидела с работой в другой комнате на диване и, притаив дыхание, смотрела на него,

---

[50] Як гарно... (укр.) — Как хорошо...

[51] Бач, яка воно штука... (укр.) — Смотри, какая это штука...

любуясь каждым его движением, каждою сменою выражения на нервном лице ребенка.

Протянув издали руки, он коснулся полированной поверхности инструмента и тотчас же робко отодвинулся. Повторив раза два этот опыт, он подошел поближе и стал внимательно исследовать инструмент, наклоняясь до земли, чтобы ощупать ножки, обходя кругом по свободным сторонам. Наконец его рука попала на гладкие клавиши.

Тихий звук струны неуверенно дрогнул в воздухе. Мальчик долго прислушивался к исчезнувшим уже для слуха матери вибрациям[52] и затем, с выражением полного внимания, тронул другую клавишу. Проведя после этого рукой по всей клавиатуре, он попал на ноту верхнего регистра. Каждому тону он давал достаточно времени, и они один за другим, колыхаясь, дрожали и замирали в воздухе. Лицо слепого, вместе с напряженным вниманием, выражало удовольствие; он, видимо, любовался каждым отдельным тоном, и уже в этой чуткой внимательности к элементарным звукам, составным частям будущей мелодии, сказывались задатки артиста.

Но при этом казалось, что слепой придавал еще какие—то особенные свойства каждому звуку: когда из—под его руки вылетала веселая и яркая нота высокого регистра, он подымал оживленное лицо, будто провожая кверху эту звонкую летучую ноту. Наоборот, при густом, чуть слышном и глухом дрожании баса он наклонял ухо, ему казалось, это этот тяжелый тон должен непременно низко раскатиться над землею, рассыпаясь по полу и теряясь в дальних углах.

XI

Дядя Максим относился ко всем этим музыкальным

---

[52] Вибрация — быстрые, незначительные изменения высоты тона, происходящие от дрожания струны

экспериментам[53] только терпимо. Как это ни странно, но так явно обнаружившиеся склонности мальчика порождали в инвалиде двойственное чувство. С одной стороны, страстное влечение к музыке указывало на несомненно присущие мальчику музыкальные способности и, таким образом, определяло отчасти возможное для него будущее. С другой — к этому сознанию примешивалось в сердце старого солдата неопределенное чувство разочарования.

"Конечно, — рассуждал Максим, — музыка тоже великая сила, дающая возможность владеть сердцем толпы. Он, слепой, будет собирать сотни разряженных франтов и барынь, будет им разыгрывать разные там... вальсы и ноктюрны[54] (правду сказать, дальше "тих "вальсов" и "ноктюрнов" не шли музыкальные познания Максима), а они будут утирать слезы платочками. Эх, черт возьми, не того бы мне хотелось, да что же делать! Малый слеп, так пусть же станет в жизни тем, чем может. Только все же лучше бы уж песня, что ли? Песня говорит не одному неопределенно разнеживающемуся слуху. Она дает образы, будит мысль в голове и мужество в сердце".

— Эй, Иохим, — сказал он одним вечером, входя вслед за мальчиком к Иохиму. — Брось ты хоть один раз свою свистелку! Это хорошо мальчишкам на улице или подпаску[55] в поле, а ты все же таки взрослый мужик, хоть эта глупая Марья и сделала из тебя настоящего теленка. Тьфу, даже стыдно за тебя, право! Девка отвернулась, а ты и раскис. Свистишь, точно перепел в клетке!

Иохим, слушая эту длинную рацею[56] раздосадованного пана, ухмылялся в темноте над его беспричинным гневом. Только упоминание о мальчишках и подпаске несколько расшевелило в нем чувство легкой обиды.

---

[53] Эксперимент — опыт

[54] Ноктюрн (франц.) — небольшое музыкальное произведение лирического, задумчиво—мечтательного характера

[55] Подпасок — помощник пастуха (обычно в подпаски брали подростков)

[56] Рацея — наставление

— Не скажите, пане, — заговорил он. — Такую дуду не найти вам ни у одного пастуха в Украине, не то что у подпаска... То все свистелки, а эта... вы вот послушайте.

Он закрыл пальцами все отверстия и взял на дудке два тона в октаву, любуясь полным звуком. Максим плюнул.

— Тьфу, прости боже! Совсем поглупел парубок![57] Что мне твоя дуда? Все они одинаковы — и дудки и бабы, с твоей Марьей на придачу. Вот лучше спел бы ты нам песню, коли умеешь, — хорошую старую песню.

Максим Яценко, сам малоросс, был человек простой с мужиками и дворней. Он часто кричал и ругался, но как—то необидно, и потому к нему относились люди почтительно, но свободно.

— А что ж? — ответил Иохим на предложение пана. — Пел когда—то и я не хуже людей. Только, может, и наша мужицкая песня тоже вам не по вкусу придется, пане? — уязвил он слегка собеседника.

— Ну, не бреши по—пустому, — сказал Максим. — Песня хорошая — не дудке чета, если только человек умеет петь как следует. Вот послушаем, Петрусю, Иохимову песню. Поймешь ли ты только, малый?

— А это будет "хлопская" песня? — спросил мальчик. — Я понимаю "по—хлопски".

Максим вздохнул. Он был романтик и когда—то мечтал о новой сечи[58].

— Эх, малый! Это не хлопские песни... Это песни сильного вольного народа. Твои деды по матери пели их на степях по Днепру, и по Дунаю, и на Черном море... Ну, да ты поймешь это когда—нибудь, а теперь, — прибавил он задумчиво, — боюсь я другого...

Действительно, Максим боялся другого непонимания. Он

---

[57] Парубок (укр.) — парень

[58] То есть мечтал о возрождении Запорожской Сечи; так называлась организация украинских казаков, возникшая в XVI веке. В XVII веке Сечь была центром восстаний против польской шляхты. В 1775 году по указу Екатерины II Сечь была распущена

думал, что яркие образы песенного эпоса[59] требуют непременно зрительных представлений, чтобы говорить сердцу. Он боялся, что темная голова ребенка не в состоянии будет усвоить картинного языка народной поэзии. Он забыл, что древние баяны, что украинские кобзари и бандуристы были по большей части слепые. Правда, тяжкая доля, увечье заставляли нередко брать в руки лиру или бандуру, чтобы просить с нею подаяния. Но не все же это были только нищие и ремесленники с гнусавыми голосами, и не все они лишились зрения только под старость. Слепота застилает видимый мир темною завесой, которая, конечно, ложится на мозг, затрудняя и угнетая его работу, но все же из наследственных представлений и из впечатлений, получаемых другими путями, мозг творит в темноте свой собственный мир, грустный, печальный и сумрачный, но не лишенный своеобразной, смутной поэзии.

XII

Максим с мальчиком уселись на сене, а Иохим прилег на свою лавку (эта поза наиболее соответствовала его артистическому настроению) и, подумав с минуту, запел. Случайно или по чуткому инстинкту выбор его оказался очень удачным. Он остановился на исторической картине:

Ой, там на горі тай женці жнуть.

Всякому, кто слышал эту прекрасную народную песню в надлежащем исполнении, наверное, врезался в памяти ее старинный мотив, высокий, протяжный, будто подернутый грустью исторического воспоминания. В ней нет событий,

---

[59] Эпос — здесь: украинские исторические песни, возникшие в казацкой среде в XVI—XVII веках

кровавых сеч и подвигов. Это и не прощание казака с милой, не удалой набег, не экспедиция в чайках[60] по синему морю и Дунаю. Это только одна мимолетная картина, всплывшая мгновенно в воспоминании украинца как смутная греза, как отрывок из сна об историческом прошлом. Среди будничного и серого настоящего дня в его воображении встала вдруг эта картина, смутная, туманная, подернутая тою особенною грустью, которая веет от исчезнувшей уже родной старины. Исчезнувшей, но еще не бесследно! О ней говорят еще высокие могилы—курганы, где лежат казацкие кости, где в полночь загораются огни, откуда слышатся по ночам тяжелые стоны. О ней говорят и народное предание, и смолкающая все более и более народная песня:

> Ой, там на горі тай женці жнуть,
> А по—під горою, по—під зеленою
> Козаки ідуть!..
> Козаки ідуть!..

На зеленой горе жнецы жнут хлеб. А под горой, внизу, идет казачье войско.

Максим Яценко заслушался грустного напева. В его воображении, вызванная чудесным мотивом, удивительно сливающимся с содержанием песни, всплыла эта картина, будто освещенная меланхолическим отблеском заката. В мирных полях, на горе, беззвучно наклоняясь над нивами, виднеются фигуры жнецов. А внизу бесшумно проходят отряды один за другим, сливаясь с вечерними тенями долины.

> По переду Дорошенко
> Веде свое війско, війско запорожське,
> Хорошенько.

---

[60] Экспедиция в чайках — военный поход в отдаленные места в длинных и узких лодках. В таких лодках запорожцы совершали свои воинственные набеги

И протяжная нота песни о прошлом колышется, звенит и смолкает в воздухе, чтобы зазвенеть опять и вызвать из сумрака все новые и новые фигуры.

XIII

Мальчик слушал с омраченным и грустным лицом. Когда певец пел о горе, на которой жнут жнецы, воображение тотчас же переносило Петруся на высоту знакомого ему утеса. Он узнал его потому, что внизу плещется речка чуть слышными ударами волны о камень. Он уже знает также, что такое жнецы, он слышит позвякивание серпов и шорох падающих колосьев.

Когда же песня переходила к тому, что делается под горой, воображение слепого слушателя тотчас же удаляло его от вершин в долину...

Звон серпов смолк, но мальчик знает, что жнецы там, на горе, что они остались, но они не слышны, потому что они высоко, так же высоко, как сосны, шум которых он слышал, стоя под утесом. А внизу, над рекой, раздается частый, ровный топот конских копыт... Их много, от них стоит неясный гул там, в темноте, под горой. Это "идут казаки".

Он знает также, что значит казак. Старика "Хведька", который заходит по временам в усадьбу, все зовут "старым казаком". Он не раз брал Петруся к себе на колени, гладил его волосы своею дрожащею рукой. Когда же мальчик по своему обыкновению ощупывал его лицо, то осязал своими чуткими пальцами глубокие морщины, большие обвисшие вниз усы, впалые щеки и на щеках старческие слезы. Таких же казаков представлял себе мальчик под протяжные звуки песни там, внизу, под горой. Они сидят на лошадях такие же, как "Хведько", усатые, такие же сгорбленные, такие же старые. Они тихо подвигаются бесформенными тенями в темноте и так же, как "Хведько", о чем—то плачут, быть может, оттого, что и над горой и над долиной стоят эти печальные, протяжные стоны

Иохимовой песни, — песни о "необачном[61] козачине", что променял молодую жёнку на походную трубку и на боевые невзгоды.

Максиму достаточно было одного взгляда, чтобы понять, что чуткая натура мальчика способна откликнуться, несмотря на слепоту, на поэтические образы песни.

_____

[61] Необачный (укр.) — беспечный, неосмотрительный

ГЛАВА ТРЕТЬЯ

I

Благодаря режиму, который был заведен по плану Максима, слепой во всем, где это было возможно, был предоставлен собственным усилиям, и это принесло самые лучшие результаты. В доме он не казался вовсе беспомощным, ходил всюду очень уверенно, сам убирал свою комнату, держал в известном порядке свои игрушки и вещи. Кроме того, насколько это было ему доступно, Максим обращал внимание на физические упражнения: у мальчика была своя гимнастика, а на шестом году Максим подарил племяннику небольшую и смирную лошадку. Мать сначала не могла себе представить, чтоб ее слепой ребенок мог ездить верхом, и она называла затею брата чистым безумием. Но инвалид пустил в дело все свое влияние, и через два—три месяца мальчик весело скакал в седле рядом с Иохимом, который командовал только на поворотах.

Таким образом слепота не помешала правильному физическому развитию, и влияние ее на нравственный склад ребенка было по возможности ослаблено. Для своего возраста он был высок и строен; лицо его было несколько бледно, черты тонки и выразительны. Черные волосы оттеняли еще более белизну лица, а большие темные, малоподвижные глаза придавали ему своеобразное выражение, как—то сразу приковывавшее внимание. Легкая складка над бровями, привычка несколько подаваться головой вперед и выражение грусти, по временам пробегавшее какими—то облаками по красивому лицу, — это все, чем сказалась слепота в его наружности. Его движения в знакомом месте были уверенны, но все же было заметно, что природная живость подавлена и проявляется по временам довольно резкими нервными порывами.

44

II

Теперь впечатления слуха окончательно получили в жизни слепого преобладающее значение, звуковые формы стали главными формами его мысли, центром умственной работы. Он запоминал песни, вслушиваясь в их чарующие мотивы, знакомился с их содержанием, окрашивая его грустью, весельем или раздумчивостью мелодии. Он еще внимательнее ловил голоса окружающей природы и, сливая смутные ощущения с привычными родными мотивами, по временам умел обобщить их свободной импровизацией[62] , в которой трудно было отличить, где кончается народный, привычный уху мотив и где начинается личное творчество. Он и сам не мог отделить в своих песнях этих двух элементов: так цельно слились в нем они оба. Он быстро заучивал все, что передавала ему мать, учившая его игре на фортепиано, но любил также и Иохимову дудку. Фортепиано было богаче, звучнее и полнее, но оно стояло в комнате, тогда как дудку можно было брать с собой в поле, и ее переливы так нераздельно сливались с тихими вздохами степи, что порой Петрусь сам не мог отдать себе отчета, ветер ли навевает издалека смутные думы или это он сам извлекает их из своей свирели.

Это увлечение музыкой стало центром его умственного роста; оно заполняло и разнообразило его существование. Максим пользовался им, чтобы знакомить мальчика с историей его страны, и вся она прошла перед воображением слепого, сплетенная из звуков. Заинтересованный песней, он знакомился с ее героями, с их судьбой, с судьбой своей родины. Отсюда начался интерес к литературе, и на девятом году Максим приступил к первым урокам. Умелые уроки Максима (которому пришлось изучить для этого специальные приемы обучения слепых) очень нравились мальчику. Они вносили в

---

[62] Импровизация — здесь: музыкальное произведение, сочиненное в момент исполнения, без предварительной подготовки

его настроение новый элемент — определенность и ясность, уравновешивавшие смутные ощущения музыки.

Таким образом день мальчика был заполнен, нельзя было пожаловаться на скудость получаемых им впечатлений. Казалось, он жил полною жизнью, насколько это возможно для ребенка. Казалось также, что он не сознает и своей слепоты. А между тем какая—то странная, недетская грусть все—таки сквозила в его характере. Максим приписывал это недостатку детского общества и старался пополнить этот недостаток.

Деревенские мальчики, которых приглашали в усадьбу, дичились и не могли свободно развернуться. Кроме непривычной обстановки, их немало смущала также и слепота "панича". Они пугливо посматривали на него и, сбившись в кучу, молчали или робко перешептывались друг с другом. Когда же детей оставляли одних в саду или в поле, они становились развязнее и затевали игры, но при этом оказывалось, что слепой как—то оставался в стороне и грустно прислушивался к веселой возне товарищей.

По временам Иохим собирал ребят вокруг себя в кучу и начинал рассказывать им веселые присказки и сказки. Деревенские ребята, отлично знакомые и с глуповатым хохлацким чертом, и с плутовками—ведьмами, пополняли эти рассказы из собственного запаса, и вообще эти беседы шли очень оживленно. Слепой слушал их с большим вниманием и интересом, он сам смеялся редко. По—видимому, юмор живой речи в значительной степени оставался для него недоступным, и не мудрено: он не мог видеть ни лукавых огоньков в глазах рассказчика, ни смеющихся морщин, ни подергивания длинными усами.

III

Незадолго до описываемого времени в небольшом

соседнем имении переменился "посессор"[63] . На место прежнего, беспокойного соседа, у которого даже с молчаливым паном Попельским вышла тяжба из—за какой—то потравы Потрава — испорченные скотом травы, посевы, теперь в ближней усадьбе поселился старик Яскульский с женою. Несмотря на то что обоим супругам в общей сложности было не менее ста лет, они поженились сравнительно недавно, так как пан Якуб долго не мог сколотить нужной для аренды[64] суммы и потому мыкался в качестве "эконома"[65] по чужим людям, а пани Агнешка, в ожидании счастливой минуты, жила в качестве почетной "покоювки"[66] у графини Потоцкой. Когда, наконец, счастливая минута настала и жених с невестой стали рука об руку в костеле[67] , то в усах и в чубе молодцеватого жениха половина волос были совершенно седые, а покрытое стыдливым румянцем лицо невесты было также обрамлено серебристыми локонами.

Это обстоятельство не помешало, однако, супружескому счастью, и плодом этой поздней любви явилась единственная дочь, которая была почти ровесницей слепому мальчику. Устроив под старость свой угол, в котором они, хотя и условно, могли считать себя полными хозяевами, старики зажили в нем тихо и скромно, как бы вознаграждая себя этою тишиной и уединением за суетливые годы тяжелой жизни "в чужих людях". Первая их аренда оказалась не совсем удачной, и теперь они несколько сузили дело. Но и на новом месте они тотчас же устроились по—своему. В углу, занятом иконами,

---

[63] В Юго—западном крае довольно развита система арендований имений: арендатор (по—местному "посессор") является как бы управителем имения. Он выплачивает владельцу известную сумму, а затем от его предприимчивости зависит извлечение большего или меньшего дохода. (Примеч. автора)

[64] Аренда — наем недвижимого имущества (здесь: имения) во временное пользование за плату по договору

[65] "Эконом" — домовод, заведующий хозяйством

[66] "Покоювка" (польск.) — горничная, служанка

[67] Костёл — польская католическая церковь

47

перевитыми плющом, у Яскульской вместе с вербой и "громницей"[68] хранились какие—то мешочки с травами и корнями, которыми она лечила мужа и приходивших к ней деревенских баб и мужиков. Эти травы наполняли всю избу особенным специфическим благоуханием, которое неразрывно связывалось в памяти всякого посетителя с воспоминанием об этом чистом маленьком домике, об его тишине и порядке и о двух стариках, живших в нем какою—то необычною в наши дни тихою жизнью.

В обществе этих стариков росла их единственная дочь, небольшая девочка с длинною русой косой и голубыми глазами, поражавшая всех при первом же знакомстве какою—то странною солидностью, разлитою во всей ее фигуре. Казалось, спокойствие поздней любви родителей отразилось в характере дочери этою недетскою рассудительностью, плавным спокойствием движений, задумчивостью и глубиной голубых глаз. Она никогда не дичилась посторонних, не уклонялась от знакомства с детьми и принимала участие в их играх. Но все это делалось с такою искреннею снисходительностью, как будто для нее лично это было вовсе не нужно. Действительно, она отлично довольствовалась своим собственным обществом, гуляя, собирая цветы, беседуя со своею куклой, и все это с видом такой солидности, что по временам казалось, будто перед вами не ребенок, а крохотная взрослая женщина.

IV

Однажды Петрик был один на холмике над рекой. Солнце садилось, в воздухе стояла тишина, только мычание возвращавшегося в деревню стада долетало сюда, смягченное расстоянием. Мальчик только что перестал играть и откинулся

---

[68] "Громницей" называется восковая свеча, которую зажигают в сильные бури, а также дают в руки умирающему. (Примеч. автора)

на траву, отдаваясь полудремотной истоме летнего вечера. Он забылся на минуту, как вдруг чьи—то легкие шаги вывели его из дремоты. Он с неудовольствием приподнялся на локоть и прислушался. Шаги остановились у подножия холмика. Походка была ему незнакома.

— Мальчик! — услышал он вдруг возглас детского голоса. — Не знаешь ли, кто это тут сейчас играл?

Слепой не любил, когда нарушали его одиночество. Поэтому он ответил на вопрос не особенно любезным тоном:

— Это я...

Легкий удивленный возглас был ответом на это заявление, и тотчас же голос девочки прибавил тоном простодушного одобрения:

— Как хорошо!

Слепой промолчал.

— Что же вы не уходите? — спросил он затем, слыша, что непрошеная собеседница продолжает стоять на месте.

— Зачем же ты меня гонишь? — спросила девочка своим чистым и простодушно—удивленным голосом.

Звуки этого спокойного детского голоса приятно действовали на слух слепого; тем не менее он ответил в прежнем тоне:

— Я не люблю, когда ко мне приходят...

Девочка засмеялась.

— Вот еще!.. Смотрите—ка! Разве вся земля твоя и ты можешь кому—нибудь запретить ходить по земле?

— Мама приказала всем, чтобы сюда ко мне не ходили.

— Мама? — переспросила задумчиво девочка. — А моя мама позволила мне ходить над рекой...

Мальчик, несколько избалованный всеобщею уступчивостью, не привык к таким настойчивым возражениям. Вспышка гнева прошла по его лицу нервною волной; он приподнялся и заговорил быстро и возбужденно:

— Уйдите, уйдите, уйдите!..

Неизвестно, чем кончилась бы эта сцена, но в это время от усадьбы послышался голос Иохима, звавшего мальчика к чаю. Он быстро сбежал с холмика.

— Ах, какой гадкий мальчик! — услышал он за собою искренне негодующее замечание.

V

На следующий день, сидя на том же месте, мальчик вспомнил о вчерашнем столкновении. В этом воспоминании теперь не было досады. Напротив, ему даже захотелось, чтоб опять пришла эта девочка с таким приятным, спокойным голосом, какого он никогда еще не слыхал. Знакомые ему дети громко кричали, смеялись, дрались и плакали, но ни один из них не говорил так приятно. Ему стало жаль, что он обидел незнакомку, которая, вероятно, никогда более не вернется.

Действительно, дня три девочка совсем не приходила. Но на четвертый Петрусь услышал ее шаги внизу, на берегу реки. Она шла тихо; береговая галька легко шуршала под ее ногами; и она напевала вполголоса польскую песенку.

— Послушайте! — окликнул он, когда она с ним поравнялась. — Это опять вы?

Девочка не ответила. Камешки по—прежнему шуршали под ее ногами. В деланной беззаботности ее голоса, напевавшего песню, мальчику слышалась еще не забытая обида.

Однако, пройдя несколько шагов, незнакомка остановилась. Две—три секунды прошло в молчании. Она перебирала в это время букет полевых цветов, который держала в руках, а он ждал ответа. В этой остановке и последовавшем за нею молчании он уловил оттенок умышленного пренебрежения.

— Разве вы не видите, что это я? — спросила она наконец с большим достоинством, покончив с цветами.

Этот простой вопрос больно отозвался в сердце слепого. Он ничего не ответил, и только его руки, которыми он упирался в землю, как—то судорожно схватились за траву. Но разговор уже начался, и девочка, все стоя на том же месте и занимаясь своим букетом, опять спросила:

— Кто тебя выучил так хорошо играть на дудке?

— Иохим выучил, — ответил Петрусь.

— Очень хорошо! А отчего ты такой сердитый?

— Я... не сержусь на вас, — сказал мальчик тихо.

— Ну, так и я не сержусь... Давай играть вместе.

— Я не умею играть с вами, — ответил он потупившись.

— Не умеешь играть?.. Почему?

— Так.

— Нет, почему же?

— Так, — ответил он чуть слышно и еще более потупился.

Ему не приходилось еще никогда говорить с кем—нибудь о своей слепоте, и простодушный тон девочки, предлагавшей с наивною настойчивостью этот вопрос, отозвался в нем опять тупой болью.

Незнакомка поднялась на холмик.

— Какой ты смешной, — заговорила она с снисходительным сожалением, усаживаясь рядом с ним на траве. — Это ты, верно, оттого, что еще со мной незнаком. Вот узнаешь меня, тогда перестанешь бояться. А я не боюсь никого.

Она говорила это с беспечной ясностью, и мальчик услышал, как она бросила к себе в передник груду цветов.

— Где вы взяли цветы? — спросил он.

— Там, — мотнула она головой, указывая назад.

— На лугу?

— Нет, там.

— Значит, в роще. А какие это цветы?

— Разве ты не знаешь цветов?.. Ах, какой ты странный... право, ты очень странный...

Мальчик взял в руку цветок. Его пальцы быстро и легко тронули листья и венчик.

— Это лютик, — сказал он, — а вот это фиалка.

Потом он захотел тем же способом ознакомиться и со своею собеседницею: взяв левою рукою девочку за плечо, он правой стал ощупывать ее волосы, потом веки и быстро

51

пробежал пальцами по лицу, кое—где останавливаясь и внимательно изучая незнакомые черты.

Все это было сделано так неожиданно и быстро, что девочка, пораженная удивлением, не могла сказать ни слова; она только глядела на него широко открытыми глазами, в которых отражалось чувство, близкое к ужасу. Только теперь она заметила, что в лице ее нового знакомого есть что—то необычайное. Бледные и тонкие черты застыли на выражении напряженного внимания, как—то не гармонировавшего с его неподвижным взглядом. Глаза мальчика глядели куда—то, без всякого отношения к тому, что он делал, и в них странно переливался отблеск закатывавшегося солнца. Все это показалось девочке на одну минуту просто тяжелым кошмаром.

Высвободив свое плечо из руки мальчика, она вдруг вскочила на ноги и заплакала.

— Зачем ты пугаешь меня, гадкий мальчишка? — заговорила она гневно, сквозь слезы. — Что я тебе сделала?.. Зачем?..

Он сидел на том же месте, озадаченный, с низко опущенною головой, и странное чувство — смесь досады и унижения — наполнило болью его сердце. В первый раз еще пришлось ему испытать унижение калеки; в первый раз узнал он, что его физический недостаток может внушать не одно сожаление, но и испуг. Конечно, он не мог отдать себе ясного отчета в угнетавшем его тяжелом чувстве, но оттого, что сознание это было неясно и смутно, оно доставляло не меньше страдания.

Чувство жгучей боли и обиды подступило к его горлу; он упал на траву и заплакал. Плач этот становился все сильнее, судорожные рыдания потрясали все его маленькое тело, тем более что какая—то врожденная гордость заставляла его подавлять эту вспышку.

Девочка, которая сбежала уже с холмика, услышала эти глухие рыдания и с удивлением повернулась. Видя, что ее новый знакомый лежит лицом к земле и горько плачет, она почувствовала участие, тихо взошла на холмик и остановилась над плачущим.

— Послушай, — заговорила она тихо, — о чем ты плачешь? Ты, верно, думаешь, что я нажалуюсь? Ну, не плачь, я никому не скажу.

Слово участия и ласковый тон вызвали в мальчике еще большую нервную вспышку плача. Тогда девочка присела около него на корточки; просидев так с полминуты, она тихо тронула его волосы, погладила его голову и затем, с мягкою настойчивостью матери, которая успокаивает наказанного ребенка, приподняла его голову и стала вытирать платком заплаканные глаза.

— Ну, ну, перестань же! — заговорила она тоном взрослой женщины. — Я давно не сержусь. Я вижу, ты жалеешь, что напугал меня...

— Я не хотел напугать тебя, — ответил он, глубоко вздыхая, чтобы подавить нервные приступы.

— Хорошо, хорошо! Я не сержусь!.. Ты ведь больше не будешь. — Она приподняла его с земли и старалась усадить рядом с собою.

Он повиновался. Теперь он сидел, как прежде, лицом к стороне заката, и, когда девочка опять взглянула на это лицо, освещенное красноватыми лучами, оно опять показалось ей странным. В глазах мальчика еще стояли слезы, но глаза эти были по—прежнему неподвижны, черты лица то и дело передергивались от нервных спазмов, но вместе с тем в них виднелось недетское, глубокое и тяжелое горе.

— А все—таки ты очень странный, — сказала она с задумчивым участием.

— Я не странный, — ответил мальчик с жалобною гримасой. — Нет, я не странный... Я... я — слепой!

— Слепо—ой? — протянула она нараспев, и голос ее дрогнул, как будто это грустное слово, тихо произнесенное мальчиком, нанесло неизгладимый удар в ее маленькое женственное сердце. — Слепо—ой? — повторила она еще более дрогнувшим голосом, и, как будто ища защиты от охватившего всю ее неодолимого чувства жалости, она вдруг обвила шею мальчика руками и прислонилась к нему лицом.

Пораженная внезапностью печального открытия, маленькая женщина не удержалась на высоте своей солидности, и, превратившись вдруг в огорченного и беспомощного в своем огорчении ребенка, она, в свою очередь, горько и неутешно заплакала.

VI

Несколько минут прошло в молчании.

Девочка перестала плакать и только по временам еще всхлипывала, перемогаясь. Полными слез глазами она смотрела, как солнце, будто вращаясь в раскаленной атмосфере заката, погружалось за темную черту горизонта. Мелькнул еще раз золотой обрез огненного шара, потом брызнули две — три горячие искры, и темные очертания дальнего леса всплыли вдруг непрерывной синеватою чертой.

С реки потянуло прохладой, и тихий мир наступающего вечера отразился на лице слепого; он сидел с опущенною головой, видимо, удивленный этим выражением горячего сочувствия.

— Мне жалко... — все еще всхлипывая, вымолвила наконец девочка в объяснение своей слабости.

Потом, несколько овладев собой, она сделала попытку перевести разговор на посторонний предмет, к которому они оба могли отнестись равнодушно.

— Солнышко село, — произнесла она задумчиво.

— Я не знаю, какое оно, — был печальный ответ. — Я его только... чувствую...

— Не знаешь солнышка?

— Да.

— А... а свою маму... тоже не знаешь?

— Мать знаю. Я всегда издалека узнаю ее походку.

54

— Да, да, это правда. И я с закрытыми глазами узнаю свою мать.

Разговор принял более спокойный характер.

— Знаешь, — заговорил слепой с некоторым оживлением, — я ведь чувствую солнце и знаю, когда оно закатилось.

— Почему ты знаешь?

— Потому что... видишь ли... Я сам не знаю почему...

— А—а! — протянула девочка, по—видимому, совершенно удовлетворенная этим ответом, и они оба помолчали.

— Я могу читать, — первый заговорил опять Петрусь, — и скоро выучусь писать пером.

— А как же ты?.. — начала было она и вдруг застенчиво смолкла, не желая продолжать щекотливого допроса. Но он ее понял.

— Я читаю в своей книжке, — пояснил он, — пальцами.

— Пальцами? Я бы никогда не выучилась читать пальцами... Я и глазами плохо читаю. Отец говорит, что женщины плохо понимают науку.

— А я могу читать даже по—французски.

— По—французски!.. И пальцами... какой ты умный! — искренне восхитилась она. — Однако я боюсь, как бы ты не простудился. Вон над рекой какой туман.

— А ты сама?

— Я не боюсь; что мне сделается.

— Ну, и я не боюсь. Разве может быть, чтобы мужчина простудился скорее женщины? Дядя Максим говорит, что мужчина не должен ничего бояться: ни холода, ни голода, ни грома, ни тучи.

— Максим?.. Это который на костылях?.. Я его видела. Он страшный!

— Нет, он нисколько не страшный. Он добрый.

— Нет, страшный! — убежденно повторила она. — Ты не знаешь, потому что не видал его.

— Как же я его не знаю, когда он меня всему учит.

— Бьет?

— Никогда не бьет и не кричит на меня... Никогда...

— Это хорошо. Разве можно бить слепого мальчика? Это было бы грешно.

— Да ведь он и никого не бьет, — сказал Петрусь несколько рассеянно, так как его чуткое ухо заслышало шаги Иохима.

Действительно, рослая фигура хохла зарисовалась через минуту на холмистом гребне, отделявшем усадьбу от берега, и его голос далеко раскатился в тишине вечера:

— Па—ны—чу—у—у!

— Тебя зовут, — сказала девочка, поднимаясь.

— Да. Но мне не хотелось бы идти.

— Иди, иди! Я к тебе завтра приду. Теперь тебя ждут и меня тоже.

VII

Девочка точно исполнила свое обещание и даже раньше, чем Петрусь мог на это рассчитывать. На следующий же день, сидя в своей комнате за обычным уроком с Максимом, он вдруг поднял голову, прислушался и сказал с оживлением:

— Отпусти меня на минуту. Там пришла девочка.

— Какая еще девочка? — удивился Максим и пошел вслед за мальчиком к выходной двери.

Действительно, вчерашняя знакомка Петруся в эту самую минуту вошла в ворота усадьбы и, увидя проходившую по двору Анну Михайловну, свободно направилась прямо к ней.

— Что тебе, милая девочка, нужно? — спросила та, думая, что ее прислали по делу.

Маленькая женщина солидно протянула ей руку и спросила:

— Это у вас есть слепой мальчик?.. Да?

— У меня, милая, да, у меня — ответила пани Попельская, любуясь ее ясными глазами и свободой ее обращения.

— Вот, видите ли... Моя мама отпустила меня к нему. Могу я его видеть?

56

Но в эту минуту Петрусь сам подбежал к ней, а на крыльце показалась фигура Максима.

— Это вчерашняя девочка, мама! Я тебе говорил, — сказал мальчик, здороваясь. — Только у меня теперь урок.

— Ну, на этот раз дядя Максим отпустит тебя, — сказала Анна Михайловна, — я у него попрошу.

Между тем крохотная женщина, чувствовавшая себя, по-видимому, совсем как дома, отправилась навстречу подходившему к ним на своих костылях Максиму и, протянув ему руку, сказала тоном снисходительного одобрения:

— Это хорошо, что вы не бьете слепого мальчика. Он мне говорил.

— Неужели, сударыня? — спросил Максим с комическою важностью, принимая в свою широкую руку маленькую ручку девочки. — Как я благодарен моему питомцу, что он сумел расположить в мою пользу такую прелестную особу.

И Максим рассмеялся, поглаживая ее руку, которую держал в своей. Между тем девочка продолжала смотреть на него своим открытым взглядом, сразу завоевавшим его женоненавистническое сердце.

— Смотри-ка, Аннуся, — обратился он к сестре с странною улыбкой, — наш Петр начинает заводить самостоятельные знакомства. И ведь согласись, Аня... несмотря на то что он слеп, он все же сумел сделать недурной выбор, не правда ли?

— Что ты хочешь этим сказать, Макс? — спросила молодая женщина строго, и горячая краска залила все ее лицо.

— Шучу! — ответил брат лаконически, видя, что своей шуткой он тронул больную струну, вскрыл тайную мысль, зашевелившуюся в предусмотрительном материнском сердце.

Анна Михайловна еще более покраснела и, быстро наклонившись, с порывом страстной нежности обняла девочку; последняя приняла неожиданно бурную ласку все с тем же ясным, хотя и несколько удивленным взглядом.

VIII

С этого дня между посессорским домиком и усадьбой Попельских завязались ближайшие отношения. Девочка, которую звали Эвелиной, приходила ежедневно в усадьбу, а через некоторое время она тоже поступила ученицей к Максиму. Сначала этот план совместного обучения не очень понравился пану Яскульскому. Во—первых, он полагал, что если женщина умеет записать белье и вести домашнюю расходную книгу, то этого совершенно достаточно; во—вторых, он был добрый католик и считал, что Максиму не следовало воевать с австрийцами, вопреки ясно выраженной воле "отца—папежа"[69]. Наконец, его твердое убеждение состояло в том, что на небе есть бог, а Вольтер[70] и вольтерьянцы[71] кипят в адской смоле[72], каковая судьба, по мнению многих, была уготована и пану Максиму. Однако при ближайшем знакомстве он должен был сознаться, что этот еретик и забияка — человек очень приятного нрава и большого ума, и вследствие этого посессор пошел на компромисс[73].

Тем не менее некоторое беспокойство шевелилось в глубине души старого шляхтича, и потому, приведя девочку для первого урока, он счел уместным обратиться к ней с торжественною и напыщенною речью, которая, впрочем, больше назначалась для слуха Максима.

— Вот что, Веля... — сказал он, взяв дочь за плечо и посматривая на ее будущего учителя. — Помни всегда, что на

---

[69] "Отец—папеж" (польск.) — папа римский

[70] Вольтер — французский писатель и философ XVIII века, противник абсолютизма (неограниченной политической власти) и церкви

[71] Вольтерьянцы — последователи Вольтера

[72] По утверждению католика, Вольтер и вольтерьянцы должны были после смерти попасть в ад, где кипят огромные котлы со смолой, в которую бесы бросают грешников

[73] Компромисс — соглашение, достигнутое путем взаимной уступки при столкновении различных интересов, мнений и т. д.

небе есть бог, а в Риме святой его "папеж". Это тебе говорю я, Валентин Яскульский, и ты должна мне верить, потому что я твой отец, — это primo[74].

При этом последовал новый внушительный взгляд в сторону Максима; пан Яскульский подчеркивал свою латынь, давая понять, что и он не чужд науке и в случае чего его провести трудно.

— Secundo[75], я — шляхтич славного герба[76], в котором вместе с "копной и вороной" недаром обозначается крест в синем поле. Яскульские, будучи хорошими рыцарями, не раз меняли мечи на требники[77] и всегда смыслили кое—что в делах неба, поэтому ты должна мне верить. Ну, а в остальном, что касается orbis terrarum[78], то есть всего земного, слушай, что тебе скажет пан Максим Яценко, и учись хорошо.

— Не бойтесь, пан Валентин, — улыбаясь, ответил на эту речь Максим, — мы не вербуем паненок[79] для отряда Гарибальди.

IX

Совместное обучение оказалось очень полезным для обоих, Петрусь шел, конечно, впереди, но это не исключало

---

[74] Primo (лат.) — во—первых

[75] Secundo (лат.) — во—вторых

[76] Шляхтич славного герба — дворянин знаменитого, прославленного рода. Дворянский герб изображал щит с различными эмблемами (условными изображениями каких—либо понятий, идей), связанными с историей рода

[77] Меняли мечи на требники — то есть оставляли военную службу и принимали монашество, становились служителями культа. Требник — церковная книга, по которой совершаются требы — религиозные обряды (крестины, браки и проч.)

[78] Orbis terrarum (лат.) — земной шар

[79] Паненка (польск.) — девушка

некоторого соревнования. Кроме того, он помогал ей часто выучивать уроки, а она находила иногда очень удачные приемы, чтобы объяснить мальчику что—либо трудно понятное для него, слепого. Кроме того, ее общество вносило в его занятия нечто своеобразное, придавало его умственной работе особый тон приятного возбуждения.

Вообще эта дружба была настоящим даром благосклонной судьбы. Теперь мальчик не искал уже полного уединения; он нашел то общение, которого не могла ему дать любовь взрослых, и в минуту чуткого душевного затишья ему приятна была ее близость. На утес или на реку они всегда отправлялись вдвоем. Когда он играл, она слушала его с наивным восхищением. Когда же он откладывал дудку, она начинала передавать ему свои детски живые впечатления от окружающей природы; конечно, она не умела выражать их с достаточной полнотой подходящими словами, но зато в ее несложных рассказах, в их тоне он улавливал характерный колорит[80] каждого описываемого явления. Так, когда она говорила, например, о темноте раскинувшейся над землею сырой и черной ночи, он будто слышал эту темноту в сдержанно звучащих тонах ее робеющего голоса. Когда же, подняв кверху задумчивое лицо, она сообщала ему: "Ах, какая туча идет, какая туча темная—претемная!" — он ощущал сразу будто холодное дуновение и слышал в ее голосе пугающий шорох ползущего по небу, где—то в далекой высоте, чудовища.

---

[80] Колорит — здесь: своеобразие, характерная особенность

60

ГЛАВА ЧЕТВЕРТАЯ

I

Есть натуры, будто заранее предназначенные для тихого подвига любви, соединенной с печалью и заботой, — натуры, для которых эти заботы о чужом горе составляют как бы атмосферу, органическую потребность. Природа заранее наделила их спокойствием, без которого немыслим будничный подвиг жизни, она предусмотрительно смягчила в них личные порывы, запросы личной жизни, подчинив эти порывы и эти запросы господствующей черте характера. Такие натуры кажутся нередко слишком холодными, слишком рассудительными, лишенными чувства. Они глухи на страстные призывы грешной жизни и идут по грустному пути долга так же спокойно, как и по пути самого яркого личного счастья. Они кажутся холодными, как снежные вершины, и так же, как они, величавы. Житейская пошлость стелется у их ног; даже клевета и сплетни скатываются по их белоснежной одежде, точно грязные брызги с крыльев лебедя...

Маленькая знакомка Петра представляла в себе все черты этого типа, который редко вырабатывается жизнью и воспитанием; он, как талант, как гений, дается в удел избранным натурам и проявляется рано. Мать слепого мальчика понимала, какое счастье случай послал ее сыну в этой детской дружбе. Понимал это и старый Максим, которому казалось, что теперь у его питомца есть все, чего ему еще недоставало, что теперь душевное развитие слепого пойдет тихим и ровным, ничем не смущаемым ходом...

Но это была горькая ошибка.

II

В первые годы жизни ребенка Максим думал, что он совершенно овладел душевным ростом мальчика, что этот рост совершается если не под прямым его влиянием, то, во всяком случае, ни одна новая сторона его, ни одно новое приобретение в этой области не избегнет его наблюдения и контроля. Но когда настал в жизни ребенка период, который является переходною гранью между детством и отрочеством, Максим увидел, как неосновательны эти гордые педагогические мечтания. Чуть не каждая неделя приносила с собой что—нибудь новое, по временам совершенно неожиданное по отношению к слепому, и когда Максим старался найти источники иной новой идеи или нового представления, появлявшихся у ребенка, то ему приходилось теряться. Какая—то неведомая сила работала в глубине детской души, выдвигая из этой глубины неожиданные проявления самостоятельного душевного роста, и Максиму приходилось останавливаться с чувством благоговения перед таинственными процессами жизни, которые вмешивались таким образом в его педагогическую работу. Эти толчки природы, ее даровые откровения, казалось, доставляли ребенку такие представления, которые не могли быть приобретены личным опытом слепого, и Максим угадывал здесь неразрывную связь жизненных явлений, которая проходит, дробясь в тысяче процессов, через последовательный ряд отдельных жизней.

Сначала это наблюдение испугало Максима. Видя, что не он один владеет умственным строем ребенка, что в этом строе сказывается что—то, от него не зависящее и выходящее из—под его влияния, он испугался за участь своего питомца, испугался возможности таких запросов, которые могли бы послужить для слепого только причиной неутолимых страданий. И он пытался разыскать источники этих, откуда—то пробивающихся родников, чтоб... навсегда закрыть их для блага слепого ребенка.

Не ускользнули эти неожиданные проблески и от

внимания матери. Однажды утром Петрик прибежал к ней в необыкновенном волнении.

— Мама, мама! — закричал он. — Я видел сон.

— Что же ты видел, мой мальчик? — спросила она с печальным сомнением в голосе.

— Я видел во сне, что... я вижу тебя и Максима, и еще... что я все вижу... Так хорошо, так хорошо, мамочка!

— Что же еще ты видел, мой мальчик?

— Я не помню.

— А меня помнишь?

— Нет, — сказал мальчик в раздумье. — Я забыл все... А, все—таки я видел, право же, видел... — добавил он после минутного молчания, и его лицо сразу омрачилось. На незрячих глазах блеснула слеза...

Это повторялось еще несколько раз, и всякий раз мальчик становился грустнее и тревожнее.

III

Однажды, проходя по двору, Максим услышал в гостиной, где обыкновенно происходили уроки музыки, какие—то странные музыкальные упражнения. Они состояли из двух нот. Сначала от быстрых, последовательных, почти слившихся ударов по клавише дрожала самая высокая яркая нота верхнего регистра, затем она резко сменялась низким раскатом баса. Полюбопытствовав узнать, что могли означать эти странные экзерциции, Максим заковылял по двору и через минуту вошел в гостиную. В дверях он остановился как вкопанный перед неожиданною картиной.

Мальчик, которому шел уже десятый год, сидел у ног матери на низеньком стуле. Рядом с ним, вытянув шею и поводя по сторонам длинным клювом, стоял молодой прирученный аист, которого Иохим подарил паничу. Мальчик каждое утро кормил его из своих рук, и птица всюду сопровождала своего нового друга—хозяина. Теперь Петрусь придерживал аиста одною рукой, а другою тихо проводил вдоль его шеи и затем по туловищу с выражением усиленного внимания на лице. В это самое время мать, с пылающим, возбужденным лицом и печальными глазами, быстро ударяла пальцем по клавише, вызывая из инструмента непрерывно звеневшую высокую ноту. Вместе с тем, слегка перегнувшись на своем стуле, она с болезненною внимательностью вглядывалась в лицо ребенка. Когда же рука мальчика, скользя по ярко—белым перьям, доходила до того места, где эти перья резко сменяются черными на концах крыльев, Анна Михайловна сразу переносила руку на другую клавишу, и низкая басовая нота глухо раскатывалась по комнате.

Оба, и мать и сын, так были поглощены своим занятием, что не заметили прихода Максима, пока он, в свою очередь, очнувшись от удивления, не прервал сеанс вопросом:

— Аннуся! что это значит?

Молодая женщина, встретив испытующий взгляд брата, застыдилась, точно застигнутая строгим учителем на месте преступления.

— Вот видишь ли, — заговорила она смущенно, — он говорит, что различает некоторую разницу в окраске аиста, только не может ясно понять, в чем эта разница... Право, он сам первый заговорил об этом, и мне кажется, что это правда...

— Ну, так что же?

— Ничего, я только хотела ему... немножко... объяснить эту разницу различием звуков... Не сердись, Макс, но, право, я думаю, что это очень похоже...

Эта неожиданная идея поразила Максима таким удивлением, но он в первую минуту не знал, что сказать сестре. Он заставил ее повторить свои опыты и, присмотревшись к напряженному выражению лица слепого, покачал головой.

— Послушай меня, Анна, — сказал он, оставшись наедине с сестрою. — Не следует будить в мальчике вопросов, на которые ты никогда, никогда не в состоянии будешь дать полного ответа.

— Но ведь это он сам заговорил первый, право... — прервала Анна Михайловна.

— Все равно. Мальчику остается только свыкнуться со своей слепотой, а нам надо стремиться к тому, чтобы он забыл о свете. Я стараюсь, чтобы никакие внешние вызовы не наводили его на бесплодные вопросы, и если б удалось устранить эти вызовы, то мальчик не сознавал бы недостатка в своих чувствах, как и мы, обладающие всеми пятью органами, не грустим о том, что у нас нет шестого.

— Мы грустим, — тихо возразила молодая женщина.

— Аня!

— Мы грустим, — ответила она упрямо... — Мы часто грустим о невозможном...

Впрочем, сестра подчинилась доводам брата, но на этот раз он ошибался: заботясь об устранении внешних вызовов, Максим забывал те могучие побуждения, которые были заложены в детскую душу самою природою.

IV

"Глаза, — сказал кто—то, — зеркало души". Быть может, вернее было бы сравнить их с окнами, которыми вливаются в душу впечатления яркого, сверкающего цветного мира. Кто может сказать, какая часть нашего душевного склада зависит от ощущений света?

Человек — одно звено в бесконечной цепи жизней, которая тянется через него из глубины прошедшего к бесконечному будущему. И вот в одном из таких звеньев, слепом мальчике, роковая случайность закрыла эти окна: жизнь должна пройти вся в темноте. Но значит ли это, что в его душе порвались навеки те струны, которыми душа откликается на световые впечатления? Нет, и через это темное существование должна была протянуться и передаться последующим поколениям внутренняя восприимчивость к свету. Его душа была цельная человеческая душа, со всеми ее способностями, а так как всякая способность носит в самой себе стремление к удовлетворению, то и в темной душе мальчика жило неутолимое стремление к свету.

Нетронутыми лежали где—то в таинственной глубине полученные по наследству и дремавшие в неясном существовании "возможностей" силы, с первым светлым лучом готовые подняться ему навстречу. Но окна остаются закрытыми: судьба мальчика решена — ему не видать никогда этого луча, его жизнь вся пройдет в темноте!..

И темнота эта была полна призраков.

Если бы жизнь ребенка проходила среди нужды и горя — это, быть может, отвлекло бы его мысль к внешним причинам страдания. Но близкие люди устранили от него все, что могло бы его огорчать. Ему доставили полное спокойствие и мир, и теперь самая тишина, царившая в его душе, способствовала тому, что внутренняя неудовлетворенность слышалась яснее. Среди тишины и мрака, его окружавших, вставало смутное неумолкающее сознание какой—то потребности, искавшей удовлетворения, являлось стремление оформить дремлющие в душевной глубине, не находившие исхода силы.

Отсюда — какие—то смутные предчувствия и порывы, вроде того стремления к полету, которое каждый испытывал в детстве и которое сказывается в этом возрасте своими чудными снами.

Отсюда, наконец, вытекали инстинктивные потуги детской мысли, отражавшиеся на лице болезненным вопросом. Эти наследственные, но не тронутые в личной жизни "возможности" световых представлений вставали, точно призраки, в детской головке, бесформенные, неясные и темные, вызывая мучительные и смутные усилия.

Природа подымалась бессознательным протестом против индивидуального "случая" за нарушенный общий закон.

V

Таким образом, сколько бы ни старался Максим устранять все внешние вызовы, он никогда не мог уничтожить внутреннего давления неудовлетворенной потребности. Самое большее, что он мог достигнуть своею осмотрительностью, это — не будить его раньше времени, не усиливать страданий слепого. В остальном тяжелая судьба ребенка должна была идти своим чередом, со всеми ее суровыми последствиями.

И она надвигалась темною тучей. Природная живость мальчика с годами все более и более исчезала, подобно убывающей волне, между тем как смутно, но беспрерывно звучавшее в душе его грустное настроение усиливалось, сказываясь на его темпераменте. Смех, который можно было слышать во время его детства при каждом особенно ярком новом впечатлении, теперь раздавался все реже и реже. Все смеющееся, веселое, отмеченное печатью юмора, было ему мало доступно; но зато все смутное, неопределенно—грустное и туманно—меланхолическое, что слышится в южной природе и отражается в народной песне, он улавливал с замечательною полнотой. Слезы являлись у него каждый раз на глазах, когда он слушал, как в "полі могила з вітром говорила", и он сам любил ходить в поле слушать этот говор. В нем все больше и больше вырабатывалась склонность к уединению, и, когда в часы, свободные от занятий, он уходил один на свою одинокую прогулку, домашние старались не ходить в ту сторону, чтобы не нарушить его уединения. Усевшись где—нибудь на кургане в степи, или на холмике над рекой, или, наконец, на хорошо знакомом утесе, он слушал лишь шелест листьев да шепот травы или неопределенные вздохи степного ветра. Все это особенным образом гармонировало с глубиной его душевного настроения. Насколько он мог понимать природу, тут он понимал ее вполне и до конца. Тут она не тревожила его никакими определенными и неразрешимыми вопросами; тут этот ветер вливался ему прямо в душу, а трава, казалось, шептала ему тихие слова сожаления, и, когда душа юноши, настроившись в лад с окружающею тихою гармонией, размягчалась от теплой ласки природы, он чувствовал, как что—то подымается в груди, прибывая и разливаясь по всему его существу. Он припадал тогда к сыроватой, прохладной траве и тихо плакал, но в этих слезах не было горечи. Иногда же он брал дудку и совершенно забывался, подбирая задумчивые мелодии к своему настроению и в лад с тихою гармонией степи.

Понятно, что всякий человеческий звук, неожиданно врывавшийся в это настроение, действовал на него болезненным, резким диссонансом[81] Общение в подобные минуты возможно только с очень близкою, дружескою душой, а у мальчика был только один такой друг его возраста, именно — белокурая девочка из посессорской усадьбы...

И эта дружба крепла все больше, отличаясь полнею взаимностью. Если Эвелина вносила в их взаимные отношения свое спокойствие, свою тихую радость, сообщала слепому новые оттенки окружающей жизни, то и он, в свою очередь, давал ей... свое горе. Казалось, первое знакомство с ним нанесло чуткому сердцу маленькой женщины кровавую рану: выньте из раны кинжал, нанесший удар, и она истечет кровью. Впервые познакомившись на холмике в степи со слепым мальчиком, маленькая женщина ощутила острое страдание сочувствия, и теперь его присутствие становилось для нее все более необходимым. В разлуке с ним рана будто раскрывалась вновь, боль оживала, и она стремилась к своему маленькому другу, чтобы неустанною заботой утолить свое собственное страдание.

VI

Однажды в теплый осенний вечер оба семейства сидели на

---

[81] Действовал на него болезненым, резким диссонансом — вносил разряд в привычные для него мысли и ощущения

площадке перед домом, любуясь звездным небом, синевшим глубокою лазурью и горевшим огнями. Слепой, по обыкновению, сидел рядом с своею подругой около матери.

Все на минуту смолкли. Около усадьбы было совсем тихо; только листья по временам, чутко встрепенувшись, бормотали что—то невнятное и тотчас же смолкали.

В эту минуту блестящий метеор, сорвавшись откуда—то из глубины темной лазури, пронесся яркою полосой по небу, оставив за собой фосфорический след, угасший медленно и незаметно. Все подняли глаза. Мать, сидевшая с Петриком, почувствовала, как он встрепенулся и вздрогнул.

— Что это... было? — повернулся он к ней взволнованным лицом.

— Это звезда упала, дитя мое.

— Да, звезда, — прибавил он задумчиво. — Я так и знал.

— Откуда же ты мог знать, мой мальчик? — переспросила мать с печальным сомнением в голосе.

— Нет, это он говорит правду, — вмешалась Эвелина. — Он многое знает... "так"...

Уже эта все развивавшаяся чуткость указывала, что мальчик заметно близится к критическому возрасту между отрочеством и юношеством. Но пока его рост совершался довольно спокойно. Казалось даже, будто он свыкся с своей долей, и странно—уравновешенная грусть без просвета, но и без острых порываний, которая стала обычным фоном его жизни, теперь несколько смягчилась. Но это был лишь период временного затишья. Эти роздыхи природа дает как будто нарочно; в них молодой организм устаивается и крепнет для новой бури. Во время этих затиший незаметно набираются и зреют новые вопросы. Один толчок — и все душевное спокойствие всколеблется да глубины, как море под ударом внезапно налетевшего шквала.

ГЛАВА ПЯТАЯ

I

Так прошло еще несколько лет.

Ничто не изменилось в тихой усадьбе. По—прежнему шумели буки в саду, только их листва будто потемнела, сделалась еще гуще; по—прежнему белели приветливые стены, только они чуть—чуть покривились и осели; по—прежнему хмурились соломенные стрехи, и даже свирель Иохима слышалась в те же часы из конюшни; только теперь уже и сам Иохим, остававшийся холостым конюхом в усадьбе, предпочитал слушать игру слепого панича на дудке или на фортепиано — безразлично.

Максим поседел еще больше. У Попельских не было других детей, и потому слепой первенец по—прежнему оставался центром, около которого группировалась вся жизнь усадьбы. Для него усадьба замкнулась в своем тесном кругу, довольствуясь своею собственною тихою жизнью, к которой примыкала не менее тихая жизнь посессорской "хатки". Таким образом, Петр, ставший уже юношей, вырос как тепличный цветок, огражденный от резких сторонних влияний далекой жизни.

Он, как и прежде, стоял в центре громадного темного мира. Над ним, вокруг него, всюду протянулась тьма, без конца и пределов: чуткая, тонкая организация подымалась, как упруго натянутая струна, навстречу всякому впечатлению, готовая задрожать ответными звуками. В настроении слепого заметно сказывалось это чуткое ожидание; ему казалось, что вот—вот эта тьма протянется к нему своими невидимыми руками и тронет в нем что—то такое, что так томительно дремлет в душе и ждет пробуждения.

Но знакомая добрая и скучная тьма усадьбы шумела только ласковым шепотом старого сада, навевая смутную, баюкающую, успокоительную думу. О далеком мире слепой знал только из песен, из истории, из книг. Под задумчивый шепот сада, среди тихих будней усадьбы, он узнавал лишь по рассказам о бурях и волнениях далекой жизни. И все это рисовалось ему сквозь какую—то волшебную дымку, как песня, как былина, как сказка.

Казалось, так было хорошо. Мать видела, что огражденная будто стеной душа ее сына дремлет в каком—то заколдованном полусне, искусственном, но спокойном. И она не хотела нарушать этого равновесия, боялась его нарушить.

Эвелина, выросшая и сложившаяся как—то совершенно незаметно, глядела на эту заколдованную тишь своими ясными глазами, в которых можно было по временам подметить что—то вроде недоумения, вопроса о будущем, но никогда не было и тени нетерпения. Попельский—отец привел имение в образцовый порядок, но до вопросов о будущем его сына доброму человеку, конечно, не было ни малейшего дела. Он привык, что все делается само собой. Один только Максим, по своей натуре, с трудом выносил эту тишь, и то как нечто временное, входившее поневоле в его планы. Он считал необходимым дать душе юноши устояться, окрепнуть, чтобы быть в состоянии встретить резкое прикосновение жизни.

Между тем там, за чертой этого заколдованного круга, жизнь кипела, волновалась, бурлила. И вот наконец наступило время, когда старый наставник решился разорвать этот круг, отворить дверь теплицы, чтобы в нее могла ворваться свежая струя наружного воздуха.

II

Для первого случая он пригласил к себе старого товарища, который жил верстах в семидесяти от усадьбы Попельских. Максим иногда бывал у него и прежде, но теперь он знал, что у Ставрученка гостит приезжая молодежь, и написал ему письмо, приглашая всю компанию. Приглашение это было охотно принято. Старики были связаны давнею дружбой, а молодежь помнила довольно громкое некогда имя Максима Яценка, с которым связывались известные традиции. Один из сыновей Ставрученка был студент Киевского университета по модному тогда филологическому факультету. Другой изучал музыку в Петербургской консерватории. С ними приехал еще юный кадет[82], сын одного из ближайших помещиков.

Ставрученко был крепкий старик, седой, с длинными казацкими усами и в широких казацких шароварах. Он носил кисет с табаком и трубку привязанными у пояса, говорил не иначе, как по—малорусски, и рядом с двумя сыновьями, одетыми в белые свитки[83] и расшитые малороссийские сорочки[84], очень напоминал гоголевского Бульбу с сыновьями. Однако в нем не было и следов романтизма[85], отличавшего гоголевского героя. Наоборот, он был отличный практик— помещик, всю жизнь превосходно лодивший с крепостными отношениями, а теперь, когда эта "неволя" была уничтожена, сумевший хорошо приноровиться и к новым условиям. Он знал народ, как знали его помещики, то есть он знал каждого мужика своей деревни и у каждого мужика знал каждую корову и чуть не каждый лишний карбованец[86] в мужицкой мошне[87].

Зато, если он и не дрался с своими сыновьями на кулачки, как Бульба, то все же между ними происходили постоянные и очень свирепые стычки, которые не ограничивались ни временем, ни местом. Всюду, дома и в гостях, по самому ничтожному поводу между стариком и молодежью вспыхивали нескончаемые споры. Начиналось обыкновенно с

---

[82] Кадет — воспитанник среднего военно—учебного заведения в дореволюционной России

[83] Свитка — верхняя длинная одежда украинцев

[84] Сорочка — рубашка

[85] Романтизм — здесь: идеализация действительности

[86] Карбованец (укр.) — серебряный рубль

[87] Мошна — карман, кошелек

того, что старик, посмеиваясь, дразнил "идеальных паничей"[88], те горячились, старик тоже разгорячался, и тогда подымался самый невообразимый галдеж, в котором обеим сторонам доставалось не на шутку.

Это было отражение известной розни "отцов и детей"[89] , только здесь это явление сказывалось в значительно смягченной форме. Молодежь, с детства отданная в школы, деревню видела только в короткое каникулярное время, и потому у ней не было того конкретного знания народа, каким отличались отцы—помещики. Когда поднялась в обществе волна "народолюбия"[90], заставшая юношей в высших классах гимназии, они обратились к изучению родного народа, но начали это изучение с книжек. Второй шаг привел их к непосредственному изучению проявлений "народного духа" в его творчестве. Хождение в народ паничей в белых свитках и расшитых сорочках было тогда сильно распространено в Юго—западном крае. На изучение экономических условий не обращалось особенного внимания. Молодые люди записывали слова и музыку народных думок и песен, изучали предания, сверяли исторические факты с их отражением в народной памяти, вообще смотрели на мужика сквозь поэтическую призму национального романтизма[91] . От этого, пожалуй, не прочь были и старики, но все же они никогда не могли договориться с молодежью до какого—либо соглашения.

— Вот послушай ты его, — говорил Ставрученко Максиму,

---

[88] "Идеальные паничи" — барчуки, идеализирующие действительность, не имеющие практического опыта в жизни

[89] Розни "отцов и детей" — рознь в мировоззрении поколений — старого и молодого. Выражение возникло из романа И. С. Тургенева "Отцы и дети"

[90] "Народолюбие". — Имеется в виду народничество — течение, возникшее в 60—70—х годах XIX века среди революционно настроенной разночинной интеллигенции. Революционная молодежь шла "в народ", в деревню с целью поднять крестьянство на борьбу с самодержавием

[91] То есть смотрели глазами романтиков, идеализируя народную жизнь

лукаво подталкивая его локтем, когда студент ораторствовал с раскрасневшимся лицом и сверкающими глазами. — Вот. собачий сын, говорит, как пишет!.. Подумаешь, и в самом деле голова! А расскажи ты нам, ученый человек, как тебя мой Нечипор надул, а?

Старик поводил усами и хохотал, рассказывая с чисто хохлацким юмором соответствующий случай. Юноши краснели, но, в свою очередь, не оставались в долгу. "Если они не знают Нечипора и Хведька из такой—то деревни, зато они изучают весь народ в его общих проявлениях; они смотрят с высшей точки зрения, при которой только и возможны выводы и широкие обобщения. Они обнимают одним взглядом далекие перспективы[92] , тогда как старые и заматерелые в рутине[93] практики из—за деревьев не видят всего леса".

Старику не было неприятно слушать мудреные речи сыновей.

— Так и видно, что недаром в школе учились, — говаривал он, самодовольно поглядывая на слушателей. — А все же, я вам скажу, мой Хведько вас обоих и введет и выведет, как телят на веревочке, вот что!.. Ну, а я и сам его, шельму, в свой кисет уложу и в карман спрячу. Вот и значит, что вы передо мною все равно что щенята перед старым псом.

III

В данную минуту один из подобных споров только что затих. Старшее поколение удалилось в дом, и сквозь открытые окна слышно было по временам, как Ставрученко с торжеством рассказывал разные комические эпизоды и слушатели весело хохотали.

---

[92] Перспектива — здесь: план, вид на будущее
[93] Рутина — рабское следование известным навыкам, боязнь всего нового

Молодые люди оставались в саду. Студент, подостлав под себя свитку и заломив смушковую шапку, разлегся на траве с несколько тенденциозною[94] непринужденностью. Его старший брат сидел на завалинке рядом с Эвелиной. Кадет в аккуратно застегнутом мундире помещался с ним рядом, а несколько в стороне, опершись на подоконник, сидел, опустив голову, слепой; он обдумывал только что смолкшие и глубоко взволновавшие его споры.

— Что вы думаете обо всем, что здесь говорилось, панна Эвелина? — обратился к своей соседке молодой Ставрученко. — Вы, кажется, не проронили ни одного слова.

— Все это очень хорошо, то есть то, что вы говорили отцу. Но...

— Но... что же?

Девушка ответила не сразу. Она положила к себе на колени свою работу, разгладила ее руками и, слегка наклонив голову, стала рассматривать ее с задумчивым видом. Трудно было разобрать, соображала ли она, что ей следовало взять для вышивки канву покрупнее, или же обдумывала свой ответ.

Между тем молодые люди с нетерпением ждали этого ответа. Студент приподнялся на локте и повернул к девушке лицо, оживленное любопытством. Ее сосед уставился на нее спокойным, пытливым взглядом. Слепой переменил свою непринужденную позу, выпрямился и потом вытянул голову, отвернувшись лицом от остальных собеседников.

— Но, — проговорила она тихо, все продолжая разглаживать рукой свою вышивку, — у всякого человека, господа, своя дорога в жизни.

— Господи! — резко воскликнул студент. — Какое благоразумие! Да вам, моя панночка, сколько лет, в самом деле?

— Семнадцать, — ответила Эвелина просто, но тотчас же прибавила с наивно—торжествующим любопытством: — А ведь вы думали, гораздо больше, не правда ли?

Молодые люди засмеялись.

---

94 Тенденциозная — здесь: намеренная, умышленная

— Если бы у меня спросили мнение насчет вашего возраста, — сказал ее сосед, — я сильно колебался бы между тринадцатью и двадцатью тремя. Правда, иногда вы кажетесь совсем—таки ребенком, а рассуждаете порой, как опытная старушка.

— В серьезных делах, Гаврило Петрович, нужно и рассуждать серьезно, — произнесла маленькая женщина докторальным тоном[95], опять принимаясь за работу.

Все на минуту смолкли. Иголка Эвелины опять мерно заходила по вышивке, а молодые люди оглядывали с любопытством миниатюрную фигуру благоразумной особы.

IV

Эвелина, конечно, значительно выросла и развилась со времени первой встречи с Петром, но замечание студента насчет ее вида было совершенно справедливо. При первом взгляде на это небольшое, худощавое созданьице казалось, что это еще девочка, но в ее неторопливых, размеренных движениях сказывалась нередко солидность женщины. То же впечатление производило и ее лицо. Такие лица бывают, кажется, только у славянок. Правильные красивые черты зарисованы плавными, холодными линиями; голубые глаза глядят ровно, спокойно; румянец редко является на этих бледных щеках, но это не та обычная бледность, которая ежеминутно готова вспыхнуть пламенем жгучей страсти; это скорее холодная белизна снега. Прямые светлые волосы Эвелины чуть—чуть оттенялись на мраморных висках и спадали тяжелою косой, как будто оттягивавшей назад ее голову при походке.

---

[95] Докторальный тон — наставительный, категорический, не допускающий возражений

Слепой тоже вырос и возмужал. Всякому, кто посмотрел бы на него в ту минуту, когда он сидел поодаль от описанной группы, бледный, взволнованный и красивый, сразу бросилось бы в глаза это своеобразное лицо, на котором так резко отражалось всякое душевное движение. Черные волосы красивою волной склонялись над выпуклым лбом, по которому прошли ранние морщинки. На щеках быстро вспыхивал густой румянец и так же быстро разливалась матовая бледность. Нижняя губа, чуть—чуть оттянутая углами вниз, по временам как—то напряженно вздрагивала, брови чутко настораживались и шевелились, а большие красивые глаза, глядевшие ровным и неподвижным взглядом, придавали лицу молодого человека какой—то не совсем обычный мрачный оттенок.

— Итак, — насмешливо заговорил студент после некоторого молчания, — панна Эвелина полагает, что все, о чем мы говорили, недоступно женскому уму, что удел женщины — узкая сфера детской и кухни.

В голосе молодого человека слышались самодовольство (тогда эти словечки были совсем новенькие) и вызывающая ирония; на несколько секунд все смолкли, и на лице девушки проступил нервный румянец.

— Вы слишком торопитесь со своими заключениями, — сказала она. — Я понимаю все, о чем здесь говорилось, — значит, женскому уму это доступно. Я говорила только о себе лично.

Она смолкла и наклонилась над шитьем с таким вниманием к работе, что у молодого человека не хватило решимости продолжать дальнейший допрос.

— Странно, — пробормотал он. — Можно подумать, что вы распланировали уже свою жизнь до самой могилы.

— Что же тут странного, Гаврило Петрович? — тихо возразила девушка. — Я думаю, даже Илья Иванович (имя кадета) наметил уже свою дорогу, а ведь он моложе меня.

— Это правда, — сказал кадет, довольный этим вызовом. — Я недавно читал биографию генерала N. N. Он тоже поступал по ясному плану: в двадцать лет женился, а в тридцать пять командовал частью.

Студент ехидно засмеялся, девушка слегка покраснела.

— Ну, вот видите, — сказала она через минуту с какою-то холодною резкостью в голосе, — у всякого своя дорога.

Никто не возражал больше. Среди молодой компании водворилась серьезная тишина, под которою чувствуется так ясно недоумелый испуг: все смутно поняли, что разговор перешел на деликатную личную почву, что под простыми словами зазвучала где-то чутко натянутая струна...

И среди этого молчания слышался только шорох темнеющего и будто чем-то недовольного старого сада.

V

Все эти беседы, эти споры, эта волна кипучих молодых запросов, надежд, ожиданий и мнений — все это нахлынуло на слепого неожиданно и бурно. Сначала он прислушивался к ним с выражением восторженного изумления, но вскоре он не мог не заметить, что эта живая волна катится мимо него, что ей до него нет дела. К нему не обращались с вопросами, у него не спрашивали мнения, и скоро оказалось, что он стоит особняком, в каком-то грустном уединении, — тем более грустном, чем шумнее была теперь жизнь усадьбы.

Тем не менее он продолжал прислушиваться ко всему, что для него было так ново, и его крепко сдвинутые брови, побледневшее лицо выказывали усиленное внимание. Но это внимание было мрачно, под ним таилась тяжелая и горькая работа мысли.

Мать смотрела на сына с печалью в глазах. Глаза Эвелины выражали сочувствие и беспокойство. Один Максим будто не замечал, какое действие производит шумное общество на слепого, и радушно приглашал гостей наведываться почаще в

78

усадьбу, обещая молодым людям обильный этнографический материал[96] к следующему приезду.

Гости обещали вернуться и уехали. Прощаясь, молодые люди радушно пожимали руки Петра. Он порывисто отвечал на эти пожатия и долго прислушивался, как стучали по дороге колеса их брички. Затем он быстро повернулся и ушел в сад.

С отъездом гостей в усадьбе все стихло, но эта тишина показалась слепому какою—то особенной, необычной и странной. В ней слышалось как будто признание, что здесь произошло что—то особенно важное. В смолкших аллеях, отзывавшихся только шепотом буков и сирени, слепому чуялись отголоски недавних разговоров. Он слышал также в открытое окно, как мать и Эвелина о чем—то спорили с Максимом в гостиной. В голосе матери он заметил мольбу и страдание, голос Эвелины звучал негодованием, а Максим, казалось, страстно, но твердо отражал нападение женщин. С приближением Петра эти разговоры мгновенно смолкали.

Максим сознательно беспощадною рукой пробил первую брешь в стене, окружавшей до сих пор мир слепого. Гулкая и беспокойная первая волна уже хлынула в пролом, и душевное равновесие юноши дрогнуло под этим первым ударом.

Теперь ему казалось уже тесно в его заколдованном круге. Его тяготила спокойная тишь усадьбы, ленивый шепот и шорох старого сада, однообразие юного душевного сна. Тьма заговорила с ним своими новыми обольстительными голосами, заколыхалась новыми смутными образами, теснясь с тоскливою суетой заманчивого оживления.

Она звала его, манила, будила дремавшие в душе запросы, и уже эти первые призывы сказались в его лице бледностью, а в душе — тупым, хотя еще смутным страданием.

От женщин не ускользнули эти тревожные признаки. Мы, зрячие, видим отражение душевных движений на чужих лицах и потому приучаемся скрывать свои собственные. Слепые в

---

[96] Этнографический материал — материал для изучения быта и нравов народа, его материальной и духовной культуры (народные обычаи, песни, предания, сказки, пословицы и поговорки)

этом отношении совершенно беззащитны, и потому на побледневшем лице Петра можно было читать, как в интимном[97] дневнике, оставленном открытым в гостиной... На нем была написана мучительная тревога. Женщины видели, что Максим тоже замечает все это, но это входит в какие—то планы старика. Обе они считали это жестокостью, и мать хотела бы своими руками оградить сына. "Теплица? — что ж такое, если ее ребенку до сих пор было хорошо в теплице? Пусть будет так и дальше, навсегда... Спокойно, тихо, невозмутимо... " Эвелина не высказывала, по—видимому, всего, что было у нее на душе, но с некоторых пор она переменилась к Максиму и стала возражать против некоторых, иногда совсем незначительных его предложений с небывалою резкостью.

Старик смотрел на нее из—под бровей пытливыми глазами, которые встречались порой с гневным, сверкающим взглядом молодой девушки. Максим покачивал головой, бормотал что—то и окружал себя особенно густыми клубами дыма, что было признаком усиленной работы мысли; но он твердо стоял на своем и порой, ни к кому не обращаясь, отпускал презрительные сентенции[98] насчет неразумной женской любви и короткого бабьего ума, который, как известно, гораздо короче волоса; поэтому женщина не может видеть дальше минутного страдания и минутной радости. Он мечтал для Петра не о спокойствии, а о возможной полноте жизни. Говорят, всякий воспитатель стремится сделать из питомца свое подобие. Максим мечтал о том, что пережил сам и чего так рано лишился: о кипучих кризисах и о борьбе. В какой форме — он не знал и сам, но упорно стремился расширить для Петра круг живых внешних впечатлений, доступных слепому, рискуя даже потрясениями и душевными переворотами. Он чувствовал, что обе женщины хотят совсем другого...

— Наседка! — говорил он иногда сестре, сердито стуча по комнате своими костылями... Но он сердился редко; большею

----

[97] Интимный — глубоко личный, скрываемый от посторонних
[98] Сентенция — нравоучительное изречение

же частью на доводы сестры он возражал мягко и с снисходительным сожалением, тем более что она каждый раз уступала в споре, когда оставалась наедине с братом! это, впрочем, не мешало ей вскоре опять возобновлять разговор. Но когда при этом присутствовала Эвелина, дело становилось серьезнее; в этих случаях старик предпочитал отмалчиваться. Казалось, между ним и молодою девушкой завязывалась какая—то борьба, и оба они еще только изучали противника, тщательно скрывая свои карты.

VI

Когда через две недели молодые люди опять вернулись вместе с отцом, Эвелина встретила их с холодною сдержанностью. Однако ей было трудно устоять против обаятельного молодого оживления. Целые дни молодежь шаталась по деревне, охотилась, записывала в полях песни жниц и жнецов, а вечером вся компания собиралась на завалинке усадьбы, в саду.

В один из таких вечеров Эвелина не успела спохватиться, как разговор опять перешел на щекотливые темы[99] . Как это случилось, кто начал первый, — ни она, да и никто не мог бы сказать. Это вышло так же незаметно, как незаметно потухла заря и по саду расползлись вечерние тени, как незаметно завел соловей в кустах свою вечернюю песню.

Студент говорил пылко, с тою особенною юношескою страстью, которая кидается навстречу неизвестному будущему безрасчетно и безрассудно. Выла в этой вере в будущее с его чудесами какая—то особенная чарующая сила, почти неодолимая сила привычки...

Молодая девушка вспыхнула, поняв" что этот вызов, быть

---

[99] Щекотливые темы — здесь: темы, касающиеся интимной жизни

может, без сознательного расчета, был обращен теперь прямо к ней.

Она слушала, низко наклонясь над работой. Ее глаза заискрились, щеки загорелись румянцем, сердце стучало... Потом блеск глаз потух, губы сжались, а сердце застучало еще сильнее, и на побледневшем лице появилось выражение испуга.

Она испугалась оттого, что перед ее глазами будто раздвинулась темная стена, и в этот просвет блеснули далекие перспективы обширного, кипучего и деятельного мира.

Да, он манит ее уже давно. Она не сознавала этого ранее, но в тени старого сада, на уединенной скамейке, она нередко просиживала целые часы, отдаваясь небывалым мечтам. Воображение рисовало ей яркие далекие картины, и в них не было места слепому...

Теперь этот мир приблизился к ней; он не только манит ее, он предъявляет на нее какое—то право.

Она кинула быстрый взгляд в сторону Петра, и что—то кольнуло ей сердце. Он сидел неподвижный, задумчивый; вся его фигура казалась отяжелевшей и осталась в ее памяти мрачным пятном. "Он понимает... все", — мелькнула у нее мысль, быстрая, как молния, и девушка почувствовала какой—то холод. Кровь отлила к сердцу, а на лице она сама ощутила внезапную бледность. Ей представилось на мгновение, что она уже там, в этом далеком мире, а он сидит вот здесь один, с опущенною головой, или нет... Он там, на холмике, над речкой, этот слепой мальчик, над которым она плакала в тот вечер...

И ей стало страшно. Ей показалось, что кто—то готовится вынуть нож из ее давнишней раны.

Она вспомнила долгие взгляды Максима. Так вот что значили эти молчаливые взгляды! Он лучше ее самой знал ее настроение, он угадал, что в ее сердце возможна еще борьба и выбор, что она в себе не уверена... Но нет, он ошибается! Она знает свой первый шаг, а там она посмотрит, что можно будет взять у жизни еще...

Она вздохнула трудно и тяжело, как бы переводя дыхание после тяжелой работы, и оглянулась кругом. Она не могла бы сказать, долго ли длилось молчание, давно ли смолк студент, говорил ли он еще что—нибудь... Она посмотрела туда, где за минуту сидел Петр...

Его не было на прежнем месте.

VII

Тогда, спокойно сложив работу, она тоже поднялась.

— Извините, господа, — сказала она, обращаясь к гостям. — Я вас на время оставлю одних.

И она пошла вдоль темной аллеи.

Этот вечер был исполнен тревоги не для одной Эвелины. На повороте аллеи, где стояла скамейка, девушка услыхала взволнованные голоса. Максим разговаривал с сестрой.

— Да, о ней я думал в этом случае не менее, чем о нем, — говорил старик сурово. — Подумай, ведь она еще ребенок, не знающий жизни! Я не хочу верить, что ты желала бы воспользоваться неведением ребенка.

В голосе Анны Михайловны, когда она ответила, слышались слезы.

— А что же, Макс, если... если она... Что же будет тогда с моим мальчиком?

— Будь что будет! — твердо и угрюмо ответил старый солдат. — Тогда посмотрим; во всяком случае, на нем не должно тяготеть сознание чужой испорченной жизни... Да и на нашей совести тоже... Подумай об этом, Аня, — добавил он мягче.

Старик взял руку сестры и нежно поцеловал ее. Анна Михайловна склонила голову.

— Мой бедный мальчик, бедный... Лучше бы ему никогда не встречаться с нею...

Девушка скорее угадала эти слова, чем расслышала: так тихо вырвался этот стон из уст матери.

Краска залила лицо Эвелины. Она невольно остановилась

83

на повороте аллеи... Теперь, когда она выйдет, оба они увидят, что она подслушала их тайные мысли...

Но через несколько мгновений она гордо подняла голову. Она не хотела подслушивать, и, во всяком случае, не ложный стыд может остановить ее на ее дороге. К тому же этот старик берет на себя слишком много. Она сама сумеет распорядиться своею жизнью.

Она вышла из—за поворота дорожки и прошла мимо обоих говоривших спокойно и с высоко поднятою головой. Максим с невольной торопливостью подобрал свой костыль, чтобы дать ей дорогу, а Анна Михайловна посмотрела на нее о каким—то подавленным выражением любви, почти обожания и страха.

Мать будто чувствовала, что эта гордая белокурая девушка, которая только что прошла о таким гневно—вызывающим видом, пронесла о собой счастье или несчастье всей жизни ее ребенка.

VIII

В дальнем конце сада стояла старая, заброшенная мельница. Колеса давно уже не вертелись, валы обросли мхом, и сквозь старые шлюзы просачивалась вода несколькими тонкими, неумолчно звеневшими струйками. Это было любимое место слепого. Здесь он просиживал целые часы на парапете[100] плотины, прислушиваясь к говору сочившейся воды, и умел прекрасно передавать на фортепиано этот говор. Но теперь ему было не до того... Теперь он быстро ходил по дорожке с переполненным горечью сердцем, с искаженным от внутренней боли лицом.

Заслышав легкие шаги девушки, он остановился! Эвелина положила ему на плечо руку и спросила серьезно:

---

[100] Парапет — ограда, перила

— Скажи мне, Петр, что это с тобой? Отчего ты такой грустный?"

Быстро повернувшись, он опять зашагал по дорожке. Девушка пошла с ним рядом.

Она поняла его резкое движение и его молчание и на минуту опустила голову. От усадьбы слышалась песня:

З—за крутоі горы
Вылітали орлы,
Вылітали, гуркоталы,
Роскоши шукалы[101]...

Смягченный расстоянием, молодой, сильный голос пел о любви, о счастье, о просторе, и эти звуки неслись в тишине ночи, покрывая ленивый шепот сада...

Там были счастливые люди, которые говорили об яркой и полной жизни; она еще несколько минут назад была с ними, опьяненная мечтами об этой жизни, в которой ему не было места. Она даже не заметила его ухода, а кто знает, какими долгими показались ему эти минуты одинокого горя...

Эти мысли прошли в голове молодой девушки, пока она ходила рядом с Петром по аллее. Никогда еще не было так трудно заговорить с ним, овладеть его настроением. Однако она чувствовала, что ее присутствие понемногу смягчает его мрачное раздумье.

Действительно, его походка стала тише, лицо спокойнее. Он слышал рядом ее шаги, и понемногу острая душевная боль стихала, уступая место другому чувству. Он не отдавал себе отчета в этом чувстве, но оно было ему знакомо, и он легко подчинялся его благотворному влиянию.

— Что с тобой? — повторила она свой вопрос.

— Ничего особенного, — ответил он с горечью. — Мне только кажется, что я совсем лишний на свете.

Песня около дома на время смолкла, и через минуту послышалась другая. Она доносилась чуть слышно, теперь

---

[101] Роскоши шукалы (укр.) — приволья искали

85

студент пел старую "думу", подражая тихому напеву бандуристов. Иногда голос, казалось, совсем смолкал, воображением овладевала смутная мечта, и затем тихая мелодия опять пробивалась сквозь шорох листьев...

Петр невольно остановился, прислушиваясь.

— Знаешь, — заговорил он грустно, — мне кажется иногда, что старики правы, когда говорят, что на свете становится с годами все хуже. В старые годы было лучше даже слепым. Вместо фортепиано тогда бы я выучился играть на бандуре и ходил бы по городам и селам... Ко мне собирались бы толпы людей, и я пел бы им о делах их отцов, о подвигах и славе. Тогда и я был бы чем—нибудь в жизни. А теперь? Даже этот кадетик с таким резким голосом, и тот, — ты слышала? — говорит: жениться и командовать частью. Над ним смеялись, а я... а мне даже и это недоступно.

Голубые глаза девушки широко открылись от испуга, и в них сверкнула слеза.

— Это ты наслушался речей молодого Ставрученка, — сказала она в смущении, стараясь придать голосу тон беззаботной шутки.

— Да, — задумчиво ответил Петр и прибавил: — У него очень приятный голос. Красив он?

— Да, он хороший, — задумчиво подтвердила Эвелина, но вдруг, как—то гневно спохватившись, прибавила резко: — Нет, он мне вовсе не нравится! Он слишком самоуверен, и голос у него неприятный и резкий.

Петр выслушал с удивлением эту гневную вспышку. Девушка топнула ногой и продолжала:

— И все это глупости! Это все, я знаю, подстраивает Максим. О, как я ненавижу теперь этого Максима.

— Что ты это, Веля? — спросил удивленно слепой. — Что подстраивает?

— Ненавижу, ненавижу Максима! — упрямо повторяла девушка. — Он со своими расчетами истребил в себе всякие признаки сердца... Не говори, не говори мне о них... И откуда они присвоили себе право распоряжаться чужою судьбой?

Она вдруг порывисто остановилась, сжала свои тонкие

руки, так что на них хрустнули пальцы, и как—то по—детски заплакала.

Слепой взял ее за руки с удивлением и участием. Эта вспышка со стороны его спокойной и всегда выдержанной подруги была так неожиданна и необъяснима! Он прислушивался одновременно к ее плачу и к тому странному отголоску, каким отзывался этот плач в его собственном сердце. Ему вспомнились давние годы. Он сидел на холме с такою же грустью, а она плакала над ним так же, как и теперь...

Но вдруг она высвободила руку, и слепой опять удивился: девушка смеялась.

— Какая я, однако, глупая! И о чем это я плачу?

Она вытерла глаза и потом заговорила растроганным и добрым голосом:

— Нет, будем справедливы: оба они хорошие!.. И то, что он говорил сейчас, — хорошо. Но ведь это же не для всех.

— Для всех, кто может, — сказал слепой.

— Какие пустяки! — ответила она ясно, хотя в ее голосе вместе с улыбкой слышались еще недавние слезы. — Ведь вот и Максим воевал, пока мог, а теперь живет как может. Ну, и мы...

— Не говори: мы! Ты — совсем другое дело...

— Нет, не другое.

— Почему?

— Потому что... Ну да потому, что ведь ты на мне женишься, и, значит, наша жизнь будет одинакова.

Петр остановился в изумлении.

— Я?.. На тебе?.. Значит, ты за меня... замуж?

— Ну да, ну да, конечно! — ответила она с торопливым волнением. — Какой ты глупый! Неужели тебе никогда не приходило это в голову? Ведь это же так просто! На ком же тебе и жениться, как не на мне?

— Конечно, — согласился он с каким—то странным эгоизмом, но тотчас спохватился. — Послушай, Веля, — заговорил он, взяв ее за руку. — Там сейчас говорили: в больших городах девушки учатся всему, перед тобой тоже могла бы открыться широкая дорога... А я...

— Что же ты?

— А я... слепой! — закончил он совершенно нелогично.

И опять ему вспомнилось детство, тихий плеск реки, первое знакомство с Эвелиной и ее горькие слезы при слове "слепой"... Инстинктивно почувствовал он, что теперь опять причиняет ей такую же рану, и остановился. Несколько секунд стояла тишина, только вода тихо и ласково звенела в шлюзах. Эвелины совсем не было слышно, как будто она исчезла. По ее лицу действительно пробежала судорога, но девушка овладела собой, и, когда она заговорила, голос ее звучал беспечно и шутливо.

— Так что же, что слепой? — сказала она. — Но ведь если девушка полюбит слепого, так и выходить надо за слепого... Это уж всегда так бывает, что же нам делать?

— Полюбит... — сосредоточенно повторил он, и брови его сдвинулись, — он вслушивался в новые для него звуки знакомого слова... — Полюбит? — переспросил он с возрастающим волнением.

— Ну да! Ты и я, мы оба любим друг друга... Какой ты глупый! Ну, подумай сам: мог ли бы ты остаться здесь один, без меня?..

Лицо его сразу побледнело, и незрячие глаза остановились, большие и неподвижные.

Было тихо; только вода все говорила о чем—то, журча и звеня. Временами казалось, что этот говор ослабевает и вот—вот стихнет; но тотчас же он опять повышался и опять звенел без конца и перерыва. Густая черемуха шептала темною листвой; песня около дома смолкла, но зато над прудом соловей заводил свою...

— Я бы умер, — сказал он глухо.

Ее губы задрожали, как в тот день их первого знакомства, и она сказала с трудом, слабым, детским голосом:

— И я тоже... без тебя, одна... в далеком свете...

Он сжал ее маленькую руку в своей. Ему казалось странным, что ее тихое ответное пожатие так непохоже на прежнее: слабое движение ее маленьких пальцев отражалось теперь в глубине его сердца. Вообще, кроме прежней Эвелины, друга его детства, теперь он чувствовал в ней еще какую—то другую, новую девушку. Сам он показался себе могучим и сильным, а она представилась плачущей и слабой. Тогда, под влиянием глубокой нежности, он привлек ее одною рукой, а другою стал гладить ее шелковистые волосы.

И ему казалось, что все горе смолкло в глубине сердца и что у него нет никаких порывов и желаний, а есть только настоящая минута.

Соловей, некоторое время пробовавший свой голос, защелкал и рассыпался по молчаливому саду неистовою трелью. Девушка встрепенулась и застенчиво отвела руку Петра.

Он не противился и, опустив ее, вздохнул полною грудью. Он слышал, как она оправляет свои волосы. Его сердце билось сильно, но ровно и приятно; он чувствовал, как горячая кровь разносит по всему телу какую—то новую сосредоточенную силу. Когда через минуту она сказала ему обычным тоном: "Ну, теперь вернемся к гостям", он с удивлением вслушивался в этот милый голос, в котором звучали совершенно новые ноты.

IX

Гости и хозяева собрались в маленькой гостиной; недоставало только Петра и Эвелины. Максим разговаривал со своим старым товарищем, молодые люди сидели молча у открытых окон; в небольшом обществе господствовало то особенное тихое настроение, в глубине которого ощущается какая—то не для всех ясная, но всеми сознаваемая драма. Отсутствие Эвелины и Петра было как—то особенно заметно. Максим среди разговора кидал короткие выжидающие взгляды по направлению к дверям. Анна Михайловна с грустным и как будто виноватым лицом явно старалась быть внимательною и любезною хозяйкой, и только один пан Попельский, значительно округлевший и, как всегда, благодушный, дремал на своем стуле в ожидании ужина.

Когда на террасе, которая вела из сада в гостиную, раздались шаги, все глаза повернулись туда. В темном четыреугольнике широких дверей показалась фигура Эвелины, а за нею тихо подымался по ступенькам слепой.

Молодая девушка почувствовала на себе эти сосредоточенные, внимательные взгляды, однако это ее не смутило. Она прошла через комнату своею обычною ровною поступью, и только на одно мгновение, встретив короткий из—под бровей взгляд Максима, она чуть—чуть улыбнулась, и ее глаза сверкнули вызовом и усмешкой. Пани Попельская вглядывалась в своего сына.

Молодой человек, казалось, — шел вслед за девушкой, не сознавая хорошо, куда она ведет его. Когда в дверях показалось его бледное лицо и тонкая фигура, он вдруг приостановился на пороге этой освещенной комнаты. Но затем он перешагнул через порог и быстро, хотя с тем же полурассеянным, полусосредоточенным видом, подошел к фортепиано.

Хотя музыка была обычным элементом в жизни тихой усадьбы, но вместе с тем это был элемент интимный, так сказать, чисто домашний. В те дни, когда усадьба наполнялась говором и пением приезжей молодежи, Петр ни разу не подходил к фортепиано, на котором играл лишь старший из сыновей Ставрученка, музыкант по профессии. Это воздержание делало слепого еще более незаметным в оживленном обществе, и мать с сердечной болью следила за темной фигурой сына, терявшегося среди общего блеска и оживления. Теперь, в первый еще раз, Петр смело и как будто даже не вполне сознательно подходил к своему обычному месту... Казалось, он забыл о присутствии чужих. Впрочем, при входе молодых людей в гостиной стояла такая тишина, что слепой мог считать комнату пустою...

Открыв крышку, он слегка тронул клавиши и пробежал по ним несколькими быстрыми легкими аккордами. Казалось, он о чем—то спрашивал не то у инструмента, не то у собственного настроения.

Потом, вытянув на клавишах руки, он глубоко задумался, и тишина в маленькой гостиной стала еще глубже.

Ночь глядела в черные отверстия окон; кое—где из сада заглядывали с любопытством зеленые группы листьев, освещенных светом лампы. Гости, подготовленные только что смолкшим смутным рокотом пианино, отчасти охваченные веянием странного вдохновения, витавшего над бледным лицом слепого, сидели в молчаливом ожидании.

А Петр все молчал, приподняв кверху слепые глаза, и все будто прислушивался к чему—то. В его душе подымались, как расколыхавшиеся волны, самые разнообразные ощущения. Прилив неведомой жизни подхватывал его, как подхватывает волна на морском берегу долго и мирно стоявшую на песке лодку... На лице виднелось удивление, вопрос, и еще какое—то особенное возбуждение проходило по нем быстрыми тенями. Слепые глаза казались глубокими и темными.

Одну минуту можно было подумать, что он не находит в своей душе того, к чему прислушивается с таким жадным вниманием. Но потом, хотя все с тем же удивленным видом и все как будто не дождавшись чего—то, он дрогнул, тронул клавиши и, подхваченный новой волной нахлынувшего чувства, отдался весь плавным, звонким и певучим аккордам...

X

Пользоваться нотами слепому вообще трудно. Они отдавливаются, как и буквы, рельефом, причем тоны обозначаются отдельными знаками и ставятся в один ряд, как строчки книги. Чтобы обозначить тоны, соединенные в аккорд, между ними ставятся восклицательные знаки. Понятно, что слепому приходится заучивать их наизусть, притом отдельно для каждой руки. Таким образом, это — очень сложная и трудная работа; однако Петру и в этом случае помогала любовь к отдельным составным частям этой работы. Заучив на память по нескольку аккордов для каждой руки, он садился за фортепиано, и, когда из соединения этих выпуклых иероглифов[102] вдруг неожиданно для него самого складывались стройные созвучия, это доставляло ему такое наслаждение и представляло столько живого интереса, что этим сухая работа скрашивалась и даже завлекала.

Тем не менее между изображенною на бумаге пьесой и ее исполнением ложилось в этом случае слишком много промежуточных процессов. Пока знак воплощался в мелодию, он должен был пройти через руки, закрепиться в памяти и затем совершить обратный путь к концам играющих пальцев. Притом сильно развитое музыкальное воображение слепого вмешивалось в сложную работу заучивания и налагало на чужую пьесу заметный личный отпечаток. Формы, в какие успело отлиться музыкальное чувство Петра, были именно те, в каких ему впервые явилась мелодия, в какие отливалась затем игра его матери. Это были формы народной музыки, которые звучали постоянно в его душе, которыми говорила этой душе родная природа.

И теперь, когда он играл какую—то итальянскую пьесу, с трепещущим сердцем и переполненною душою, в его игре с первых же аккордов сказалось что—то до такой степени своеобразное, что на лицах посторонних слушателей появилось удивление. Однако через несколько минут очарование овладело всеми безраздельно, и только старший из сыновей Ставрученка, музыкант по профессии, долго еще вслушивался в игру, стараясь уловить знакомую пьесу и анализируя своеобразную манеру пианиста.

Струны звенели и рокотали, наполняя гостиную и разносясь по смолкшему саду... Глаза молодежи сверкали оживлением и любопытством. Ставрученко—отец сидел, свесив голову, и молчаливо слушал, но потом стал воодушевляться все больше и больше, подталкивал Максима локтем и шептал:

— Вот этот играет, так уж играет. Что? Не правду я говорю?

По мере того как звуки росли, старый спорщик стал вспоминать что—то, должно быть, свою молодость, потому что глаза его заискрились, лицо покраснело, весь он выпрямился и,

---

[102] Иероглиф — здесь: трудно читаемый условный знак

приподняв руку, хотел даже ударить кулаком по столу, но удержался и опустил кулак без всякого звука. Оглядев своих молодцов быстрым взглядом, он погладил усы и, наклонившись к Максиму, прошептал:

— Хотят стариков в архив... Брешут!.. В свое время и мы с тобой, братику, тоже... Да и теперь еще... Правду я говорю или нет?

Максим, довольно равнодушный к музыке, на этот раз чувствовал что—то новое в игре своего питомца и, окружив себя клубами дыма, слушал, качал головой и переводил глаза с Петра на Эвелину. Еще раз какой—то порыв непосредственной жизненной силы врывался в его систему совсем не так, как он думал... Анна Михайловна тоже кидала на девушку вопросительные взгляды, спрашивая себя: что это, — счастье или горе звучит в игре ее сына... Эвелина сидела в тени от абажура, и только ее глаза, большие и потемневшие, выделялись в полумраке. Она одна понимала эти звуки по—своему: ей слышался в них звон воды в старых шлюзах и шепот черемухи в потемневшей аллее.

XI

Мотив давно уже изменился. Оставив итальянскую пьесу, Петр отдался своему воображению. Тут было все, что теснилось в его воспоминании, когда он за минуту перед тем, молча и опустив голову, прислушивался к впечатлениям из пережитого прошлого. Тут были голоса природы, шум ветра, шепот леса, плеск реки и смутный говор, смолкающий в безвестной дали. Все это сплеталось и звенело на фоне того особенного глубокого и расширяющего сердце ощущения, которое вызывается в душе таинственным говором природы и которому так трудно подыскать настоящее определение... Тоска?.. Но отчего же она так приятна?.. Радость?.. Но зачем же она так глубоко, так бесконечно грустна?

По временам звуки усиливались, вырастали, крепли. Лицо музыканта делалось странно суровым. Он как будто сам удивлялся новой и для него силе этих неожиданных мелодий и ждал еще чего—то... Казалось, вот—вот несколькими ударами все это сольется в стройный поток могучей и прекрасной гармонии, и в такие минуты слушатели замирали от ожидания. Но, не успев подняться, мелодия вдруг падала с каким—то жалобным ропотом, точно волна, рассыпавшаяся в пену и брызги, и еще долго звучали, замирая, ноты горького недоумения и вопроса.

Слепой смолкал на минуту, и опять в гостиной стояла тишина, нарушаемая только шепотом листьев в саду. Обаяние, овладевавшее слушателями и уносившее их далеко за эти скромные стены, разрушалось, и маленькая комната сдвигалась вокруг них, и ночь глядела к ним в темные окна, пока, собравшись с силами, музыкант не ударял вновь по клавишам.

И опять звуки крепли и искали чего—то, подымаясь в своей полноте выше, сильнее. В неопределенный перезвон и говор аккордов вплетались мелодии народной песни, звучавшей то любовью и грустью, то воспоминанием о минувших страданиях и славе, то молодою удалью разгула и надежды. Это слепой пробовал вылить свое чувство в готовые и хорошо знакомые формы.

Но песня смолкала, дрожа в тишине маленькой гостиной тою же жалобною нотой неразрешенного вопроса.

XII

Когда последние ноты дрогнули смутным недовольством и жалобой, Анна Михайловна, взглянув в лицо сына, увидала на нем выражение, которое показалось ей знакомым: в ее памяти встал солнечный день давней весны, когда ее ребенок лежал на берегу реки, подавленный слишком яркими впечатлениями от возбуждающей весенней природы.

Но это выражение заметила только она. В гостиной поднялся шумный говор, Ставрученко—отец что—то громко кричал Максиму, молодые люди, еще взволнованные и возбужденные, пожимали руки музыканта, предсказывали ему широкую известность артиста.

— Да, это верно! — подтвердил старший брат. — Вам удалось усвоить самый характер народной мелодии. Вы сжились о нею и овладели ею в совершенстве. Но скажите, пожалуйста, какую это пьесу играли вы вначале?

Петр назвал итальянскую пьесу.

— Я так и думал, — ответил молодой человек. — Мне она несколько знакома... У вас удивительно своеобразная манера. Многие играют лучше вашего, но так, как вы, ее не исполнял еще никто. Это... как будто перевод с итальянского музыкального языка на малорусский, Вам нужна серьезная школа, и тогда...

Слепой слушал внимательно. Впервые еще он стал центром оживленных разговоров, и в его душе зарождалось гордое сознание своей силы. Неужели эти звуки, доставившие ему на этот раз столько неудовлетворенности и страдания, как еще никогда в жизни, могут производить на других такое действие? Итак, он может тоже что—нибудь сделать в жизни. Он сидел на своем стуле, с рукой, еще вытянутой на клавиатуре, и под шум разговоров внезапно почувствовал на этой руке чье—то горячее прикосновение. Это Эвелина подошла к нему и, незаметно сжимая его пальцы, прошептала с радостным возбуждением:

— Ты слышал? У тебя тоже будет своя работа. Если бы ты видел, если бы ты знал, что ты можешь сделать со всеми нами...

Слепой вздрогнул и выпрямился.

Никто не заметил этой короткой сцены, кроме матери. Ее лицо вспыхнуло, как будто это ей был дан первый поцелуй молодой любви.

Слепой все сидел на том же месте. Он боролся с нахлынувшими на него впечатлениями нового счастья, а может быть, ощущал также приближение грозы, которая вставала уже бесформенною и тяжелою тучей откуда—то из глубины мозга.

ГЛАВА ШЕСТАЯ

I

На другой день Петр проснулся рано. В комнате было тихо, в доме тоже не начиналось еще движение дня. В окно, которое оставалось открытым на ночь, вливалась из сада свежесть раннего утра. Несмотря на свою слепоту, Петр отлично чувствовал природу. Он знал, что еще рано, что его окно открыто — шорох ветвей раздавался отчетливо и близко, ничем не отдаленный и не прикрытый. Сегодня Петр чувствовал все это особенно ясно: он знал даже, что в комнату смотрит солнце и что если он протянет руку в окно, то с кустов посыплется роса. Кроме того, он чувствовал еще, что все его существо переполнено каким—то новым, неизведанным ощущением.

Несколько минут он лежал в постели, прислушиваясь к тихому щебетанию какой—то пташки в саду и к странному чувству, нараставшему в его сердце.

"Что это было со мной?" — подумал он, и в то же мгновение в его памяти прозвучали слова, которые она сказала вчера, в сумерки, у старой мельницы: "Неужели ты никогда не думал об этом?.. Какой ты глупый!.. "

Да, он никогда об этом не думал. Ее близость доставляла ему наслаждение, но до вчерашнего дня он не сознавал этого, как мы не ощущаем воздуха, которым дышим. Эти простые слова упали вчера в его душу, как падает с высоты камень на зеркальную поверхность воды: еще за минуту она была ровна и спокойно отражала свет солнца и синее небо... один удар — и она всколебалась до самого дна.

Теперь он проснулся с обновленною душой, и она, его давняя подруга, являлась ему в новом свете. Вспоминая все, что произошло вчера, до малейших подробностей, он прислушивался с удивлением к тону ее "нового" голоса,

96

который восстановило в его памяти воображение. "Полюбила"... "Какой ты глупый!.."

Он быстро вскочил, оделся и по росистым дорожкам сада побежал к старой мельнице. Вода журчала, как вчера, и так же шептались кусты черемухи, только вчера было темно, а теперь стояло яркое солнечное утро. И никогда еще он не "чувствовал" света так ясно. Казалось, вместе с душистою сыростью, с ощущением утренней свежести в него проникли эти смеющиеся лучи весеннего дня, щекотавшие его нервы.

II

Во всей усадьбе стало как—то светлее и радостнее. Анна Михайловна как будто помолодела сама, Максим чаще шутил, хотя все же по временам из облаков Дыма, точно раскаты проходящей стороною грозы, раздавалось его ворчанье. Он говорил о том, что многие, по—видимому, считают жизнь чем—то вроде плохого романа, кончающегося свадьбой, и что есть на свете много такого, о чем иным людям не мешало бы подумать. Пан Попельский, ставший очень интересным круглым человеком, с ровно и красиво седеющими волосами и румяным лицом, всегда в этих случаях соглашался с Максимом, вероятно, принимая эти слова на свой счет, и тотчас же отправлялся по хозяйству, которое у него, впрочем, шло отлично. Молодые люди усмехались и строили какие—то планы. Петру предстояло доканчивать серьезно свое музыкальное образование.

Однажды осенью, когда жнива были уже закончены и над полями, сверкая золотыми нитками на солнце, лениво и томно носилось "бабье лето"[103], Попельские всей семьей отправились к Ставрученкам. Имение Ставруково лежало верстах в

---

[103] "Бабье лето" — здесь: тенётник, паутина, летающая осенью по полям и лесам

семидесяти от Попельских, но местность на этом расстоянии сильно менялась: последние отроги Карпат, еще видные на Волыни, и в Прибужье, исчезли, и местность переходила в степную Украину. На этих равнинах, перерезанных кое—где оврагами, лежали, утопая в садах и левадах[104] , села, и кое—где по горизонту, давно запаханные и охваченные желтыми жнивами, рисовались высокие могилы.

Такие далекие путешествия были вообще не в обычае семьи. За пределами знакомого села и ближайших полей, которые он изучил в совершенстве, Петр терялся, больше чувствовал свою слепоту и становился раздражителен и беспокоен. Теперь, впрочем, он охотно принял приглашение. После памятного вечера, когда он сознал сразу свое чувство и просыпающуюся силу таланта, он как—то смелее относился к темной и неопределенной дали, которою охватывал его внешний мир. Она начинала тянуть его, все расширяясь в его воображении.

Несколько дней промелькнули очень живо. Петр чувствовал себя теперь гораздо свободнее в молодом обществе. Он с жадным вниманием слушал умелую игру старшего Ставрученка и рассказы о консерватории, о столичных концертах. Его лицо вспыхивало каждый раз, когда молодой хозяин переходил к восторженным похвалам его собственному, необработанному, но сильному музыкальному чувству. Теперь он уже не стушевывался в дальних углах, а как равный, хотя и несколько сдержанно, вмешивался в общие разговоры. Недавняя еще холодная сдержанность и как бы настороженность Эвелины тоже исчезла. Она держала себя весело и непринужденно, восхищая всех небывалыми прежде вспышками неожиданного и яркого веселья.

Верстах в десяти от имения находился старый N—ский монастырь, очень известный в том крае. Когда—то он играл значительную роль в местной истории; не раз его осаждали, как саранча, загоны татар, посылавших через стены тучи своих

---

[104] Левада (укр.) — отгороженные приусадебные участки земли, заросшие травой

стрел, порой пестрые отряды поляков отчаянно лезли на стены, или, наоборот, казаки бурно кидались на приступ, чтобы отбить твердыню у завладевших ею королевских жолнеров[105] ... Теперь старые башни осыпались, стены кое—где заменились простым частоколом, защищавшим лишь монастырские огороды от нашествия предприимчивой мужицкой скотины, а в глубине широких рвов росло просо.

Однажды, в ясный день ласковой и поздней осени, хозяева и гости отправились в этот монастырь. Максим и женщины ехали в широкой старинной коляске, качавшейся, точно большая ладья, на своих высоких рессорах. Молодые люди и Петр в том числе отправились верхами.

Слепой ездил ловко и свободно, привыкнув прислушиваться к топоту других коней и к шуршанию колес едущего впереди экипажа. Глядя на его свободную, смелую посадку, трудно было угадать, что этот всадник не видит дороги и лишь привык так смело отдаваться инстинкту лошади. Анна Михайловна сначала робко оглядывалась, боясь чужой лошади и незнакомых дорог, Максим посматривал искоса с гордостью ментора[106] и с насмешкой мужчины над бабьими страхами.

— Знаете ли... — сказал, подъезжая к коляске, студент. — Мне вот сейчас вспомнилась очень интересная могила, историю которой мы узнали, роясь в монастырском архиве. Если хотите, мы свернем туда. Это недалеко, на краю села.

— Отчего же это вам приходят в нашем обществе такие грустные воспоминания? — весело засмеялась Эвелина.

— На этот вопрос отвечу после! Сворачивай к Колодне, к леваде Остапа; тут у перелаза[107] остановишься! — крикнул он кучеру и, повернув лошадь, поскакал к своим отставшим товарищам.

Через минуту, когда рыдван[108], шурша колесами в мягкой пыли и колыхаясь, ехал узким проселком, молодые люди

---

[105] Жолнер (польск.) — солдат польской пехоты

[106] Ментор — наставник, учитель

[107] Перелаз — место, где можно перелезть

[108] Рыдван — старомодный громоздкий экипаж

99

пронеслись мимо него и спешились впереди, привязав лошадей у плетня. Двое из них пошли навстречу, чтобы помочь дамам, а Петр стоял, опершись на луку седла, и, по обыкновению, склонив голову, прислушивался, стараясь по возможности определить свое положение в незнакомом месте.

Для него этот светлый осенний день был темною ночью, только оживленною яркими звуками дня. Он слышал на дороге шуршание приближающейся кареты и веселые шутки встречавшей ее молодежи. Около него лошади, звеня стальными наборами уздечек, тянули головы за плетень, к высокому бурьяну огорода... Где—то недалеко, вероятно, над грядами, слышалась тихая песня, лениво и задумчиво веявшая по легкому ветру. Шелестели листья сада, где—то скрипел аист, слышалось хлопанье крыльев и крик как будто внезапно о чем—то вспомнившего петуха, легкий визг "журавля"[109] над колодцем, — во всем этом сказывалась близость деревенского рабочего дня.

И действительно, они остановились у плетня крайнего сада... Из более отдаленных звуков господствующим был размеренный звон монастырского колокола, высокий и тонкий. По звуку ли этого колокола, по тому ли, как тянул ветер, или еще по каким—то, может быть, и ему самому неизвестным, признакам Петр чувствовал, что где—то в той стороне, за монастырем, местность внезапно обрывается, быть может, над берегом речки, за которой далеко раскинулась равнина с неопределенными, трудно уловимыми звуками тихой жизни. Звуки эти долетали до него отрывочно и слабо, давая ему слуховое ощущение дали, в которой мелькает что—то затянутое, неясное, как для нас мелькают очертания далей в вечернем тумане...

Ветер шевелил прядь волос, свесившуюся из—под его шляпы, и тянулся мимо его уха, как протяжный звон эоловой

---

[109] "Журавль" — тонкий, длинный шест, служащий рычагом для подъема воды из колодца

арфы[110]. Какие—то смутные воспоминания бродили в его памяти; минуты из далекого детства, которые воображение выхватывало из забвения прошлого, оживали в виде веяний, прикосновений и звуков. Ему казалось, что этот ветер, смешанный с дальним звоном и обрывками песни, говорит ему какую—то грустную старую сказку о прошлом этой земли, или о его собственном прошлом, или о его будущем, неопределенном и темном.

Через минуту подъехала коляска, все вышли и, переступив через перелаз в плетне, пошли в леваду. Здесь, в углу, заросшая травой и бурьяном, лежала широкая, почти вросшая в землю каменная плита. Зеленые листья репейника с пламенно—розовыми головками цветов, широкий лопух, высокий куколь[111] на тонких стеблях выделялись из травы и тихо качались от ветра, и Петру был слышен их смутный шепот над заросшею могилой.

— Мы только недавно узнали о существовании этого памятника, — сказал молодой Ставрученко, — а между тем знаете ли, кто лежит под ним? Славный когда—то "лыцарь"" старый ватажко[112] Игнат Карый...

— Так вот ты где успокоился, старый разбойник? — сказал Максим задумчиво. — Как он попал сюда, в Колодню?

— В 17... году казаки с татарами осаждали этот монастырь, занятый польскими войсками... Вы знаете, татары были всегда опасными союзниками... Вероятно, осажденным удалось как—нибудь подкупить мирзу[113] , и ночью татары кинулись на казаков одновременно с поляками. Здесь, около Колодни, произошла в темноте жестокая сеча. Кажется, что татары были разбиты и монастырь все—таки взят, но казаки потеряли в ночном бою своего атамана.

---

[110] Эолова арфа — так называется рамка с натянутыми на ней струнами, которые звучат от действия ветра

[111] Куколь — сорная трава

[112] Ватажко (укр.) — начальник, предводитель отряда гайдамаков — украинских казаков—повстанцев, участников борьбы с Польшей

[113] Мирза — князь

В этой истории, — продолжал молодой человек задумчиво, — есть еще другое лицо, хоть мы напрасно искали здесь другой плиты. Судя по старой записи, которую мы нашли в монастыре, рядом с Карым похоронен молодой бандурист... слепой, сопровождавший атамана в походах...

— Слепой? В походах? — испуганна произнесла Анна Михайловна, которой сейчас же представился ее мальчик в страшной ночной сече.

— Да, слепой. По—видимому, это был славный на Запорожье певец... так, по крайней мере, говорит о нем запись, излагающая на своеобразном польско—малорусско—церковном языке всю эту историю. Позвольте, я, кажется, помню ее на память: "А с ним славетный[114] поэта казацкий Юрко, нигды ни оставлявший Караго и от щирого сердца[115] оным[116] любимый. Которого убивши сила поганьская и того Юрка посекла нечестно, обычаем своей поганьской веры не маючи зваги на калецтво[117] и великий талант до складу песенного и до гры струнной, од якои[118] даже и волцы на степу[119] размягчиться могли б, но поганьцы не пошановали[120] в ночном нападе. И ту положены рядом певец и рыцарь, коим по честным конце не незаводная[121] и вечная слава вовеки аминь... "

— Плита довольно широкая, — сказал кто—то. — Может быть, они лежат здесь оба...

— Да, в самом деле, но надписи съедены мхами... Посмотрите, вот вверху булава и бунчук[122] . А дальше все зелено от лишаев.

---

[114] Славетный (укр.) — знаменитый, прославленный
[115] От щирого сердца (укр.) — от чистого сердца, искрение
[116] Оным — тем
[117] Не маючи зваги на калецтво (укр.) — не имея уважения к увечью
[118] Од якои (укр.) — от какой
[119] Волцы на степу (укр.) — волки в степи
[120] Не пошановали (укр.) — не пощадили
[121] Незаводная (польск.) — нерушимая
[122] Булава и бунчук — здесь: изображение знаков власти гетмана, начальника запорожских казаков. Булава — палка с шаром на конце; бунчук — длинное древко, украшенное белым лошадиным хвостом

— Постойте, — сказал Петр, слушавший весь рассказ с захватывающим волнением.

Он подошел к плите, нагнулся над нею, и его тонкие пальцы впились в зеленый слой лишайников на поверхности плиты. Сквозь него он прощупывал твердые выступы камня.

Так он сидел с минуту, о поднятым лицом и сдвинутыми бровями. Потом он начал читать:

— "... Игнатий прозванием Карий... року[123] божого... пострелен из сайдака[124] стрелою татарскою... "

— Это и мы могли еще разобрать, — сказал студент.

Пальцы слепого, нервно напряженные и изогнутые в суставах, спускались все ниже.

— "Которого убивши... "

— "Сила поганьская... " — живо подхватил студент, — эти слова стояли и в описании смерти Юрка... значит, правда: и он тут же под одной плитой...

— Да, "сила поганьская", — прочитал Петр, — дальше все исчезло... Постойте, вот еще: "порубан шаблями татарскими"... кажется, еще какое—то слово... но нет, больше ничего не сохранилось.

Действительно, дальше всякая память о бандуристе терялась в широкой язве полуторастолетней плиты...

Несколько секунд стояло глубокое молчание, нарушаемое только шорохом листьев. Оно было прервано протяжным благоговейным вздохом. Это Остап, хозяин левады и собственник по праву давности последнего жилища старого атамана, подошел к господам и с великим удивлением смотрел, как молодой человек с неподвижными глазами, устремленными кверху, разбирал ощупью слова, скрытые от зрячих сотнями годов, дождями и непогодами.

— Сыла господняя, — сказал он, глядя на Петра о благоговением. — Сыла божая открывае слипенькому, чего зрячии не бачуть очима[125] .

---

[123] Рок — год

[124] Сайдак — лук

[125] Не бачуть очима (укр.) — не видят глазами

— Понимаете ли теперь, панночка, почему мне вспомнился этот Юрко—бандурист? — спросил студент, когда старая коляска опять тихо двигалась по пыльной дороге, направляясь к монастырю. — Мы с братом удивлялись, как мог слепой сопровождать Карого с его летучими отрядами. Допустим, что в то время он был уже не кошевой[126], а простой ватажко. Известно, однако, что он всегда начальствовал отрядом конных казаков—охотников, а не простыми гайдамаками. Обыкновенно бандуристы были старцы нищие, ходившие от села к селу с сумой и песней... Только сегодня, при взгляде на вашего Петра, в моем воображении как—то сразу встала фигура слепого Юрка, с бандурой вместо рушницы[127] за спиной и верхом на лошади...

И, может быть, он участвовал в битвах... В походах, во всяком случае, и в опасностях также... — продолжал молодой человек задумчиво. — Какие бывали времена на нашей Украине!

— Как это ужасно, — вздохнула Анна Михайловна.

— Как это было хорошо, — возразил молодой человек...

— Теперь ничего подобного не бывает, — резко сказал Петр, подъехавший тоже к экипажу. Подняв брови и насторожившись к топоту соседних лошадей, он заставил свою лошадь идти рядом с коляской... Его лицо было бледнев обыкновенного, выдавая глубокое внутреннее волнение... — Теперь все это уже исчезло, — повторил он.

— Что должно было исчезнуть — исчезло, — сказал Максим как—то холодно. — Они жили по—своему, вы ищите своего...

— Вам хорошо говорить, — ответил студент, — вы взяли свое у жизни...

— Ну, и жизнь взяла у меня мое, — усмехнулся старый гарибальдиец, глядя на свои костыли.

Потом, помолчав, он прибавил:

---

[126] Кошевой — атаман, главный начальник запорожского войска
[127] Рушница (укр.) — ружье

— Вздыхал и я когда—то о сечи, об ее бурной поэзии и воле... Был даже у Садыка в Турции[128] .

— И что же? — спросили молодые люди живо.

— Вылечился, когда увидел ваше "вольное казачество" на службе у турецкого деспотизма... Исторический маскарад и шарлатанство!.. Я понял, что история выкинула уже всю эту ветошь на задворки и что главное не в этих красивых формах, а в целях... Тогда—то я и отправился в Италию... Даже не зная языка этих людей, я был готов умереть за их стремления.

Максим говорил серьезно и с какою—то искренней важностью. В бурных спорах, которые происходили у отца Ставрученка с сыновьями, он обыкновенно не принимал участия и только посмеивался, благодушно улыбаясь на апелляции[129] к нему молодежи, считавшей его своим союзником. Теперь, сам затронутый отголосками этой трогательной драмы, так внезапно ожившей для всех над старым мшистым камнем, он чувствовал, кроме того, что этот эпизод из прошлого странным образом коснулся в лице Петра близкого им всем настоящего...

На этот раз молодые люди не возражали — может быть, под влиянием живого ощущения, пережитого за несколько минут в леваде Остапа, — могильная плита так ясно говорила о смерти прошлого, — а быть может, под влиянием импонирующей[130] искренности старого ветерана...

— Что же остается нам? — спросил студент после минутного молчания.

— Та же вечная борьба.

— Где? В каких формах?

— Ищите, — ответил Максим кратко.

Раз оставив свой обычный слегка насмешливый тон,

---

128 Чайковский, украинец—романтик, известный под именем Садыка—паши, мечтал организовать казачество, как самостоятельную политическую силу в Турции. (Примеч. автора)

129 Апелляция — здесь: призыв, обращение за поддержкой, советом

130 Импонирующая — внушающая уважение, располагающая в свою пользу

Максим, очевидно, был расположен говорить серьезно. А для серьезного разговора на эту тему теперь уже не оставалось времени... Коляска подъехала к воротам монастыря, и студент, наклонясь, придержал за повод лошадь Петра, на лице которого, как в открытой книге, виднелось глубокое волнение.

III

В монастыре обыкновенно смотрели старинную церковь и взбирались на колокольню, откуда открывался далекий вид. В ясную погоду старались увидеть белые пятнышки губернского города и излучины Днепра на горизонте.

Солнце уже склонялось, когда маленькое общество подошло к запертой двери колокольни, оставив Максима на крыльце одной из монашеских келий. Молодой тонкий послушник[131] в рясе[132] и остроконечной шапке, стоял под сводом, держась одной рукой за замок запертой двери... Невдалеке, точно распуганная стая птиц, стояла кучка детей; было видно, что между молодым послушником и этой стайкой резвых ребят происходило недавно какое—то столкновение. По его несколько воинственной позе и по тому, как он держался за замок, можно было заключить, что дети хотели проникнуть на колокольню вслед за господами, а послушник оттонял их. Его лицо было сердито и бледно, только на щеках пятнами выделялся румянец.

Глаза молодого послушника были как—то странно неподвижны... Анна Михайловна первая заметила выражение этого лица и глаз и нервно схватила за руку Эвелину.

— Слепой, — прошептала девушка с легким испугом.

— Тише, — ответила мать, — и еще... Ты замечаешь?

---

[131] Послушник — прислужник в монастыре, готовящийся стать монахом
[132] Ряса — монашеская длинная верхняя одежда черного цвета

— Да...

Трудно было не заметить в лице послушника странного сходства с Петром. Та же нервная бледность, те же чистые, но неподвижные зрачки, то же беспокойное движение бровей, настораживавшихся при каждом новом звуке и бегавших над глазами, точно щупальца у испуганного насекомого... Его черты были грубее, вся фигура угловатее, — но тем резче выступало сходство. Когда он глухо закашлялся, схватившись руками за впалую грудь, Анна Михайловна смотрела на него широко раскрытыми глазами, точно перед ней вдруг появился призрак...

Перестав кашлять, он отпер дверь и, остановясь на пороге, спросил несколько надтреснутым голосом:

— Ребят нет? Кыш, проклятые! — мотнулся он в их сторону всем телом и потом, пропуская вперед молодых людей, сказал голосом, в котором слышалась какая—то вкрадчивость и жадность: — Звонарю пожертвуете сколько—нибудь?.. Идите осторожно, — темно...

Все общество стало подыматься по ступеням. Анна Михайловна, которая прежде колебалась перед неудобным и крутым подъемом, теперь с какою—то покорностью пошла за другими.

Слепой звонарь запер дверь... Свет исчез, и лишь через некоторое время Анна Михайловна, робко стоявшая внизу, пока молодежь, толкаясь, подымалась по извилинам лестницы, могла разглядеть тусклую струйку сумеречного света, лившуюся из какого—то косого пролета в толстой каменной кладке. Против этого луча слабо светилось несколько пыльных, неправильной формы камней.

— Дядько, дядюшка, пустить, — раздались из—за двери тонкие голоса детей. — Пустить, дядюшка, хороший!

Звонарь сердито кинулся к двери и неистово застучал кулаками по железной обшивке.

— Пошли, пошли, проклятые... Чтоб вас громом убило! — кричал он, хрипя и как—то захлебываясь от злости...

— Слепой черт, — ответили вдруг несколько звонких

голосов, и за дверью раздался быстрый топот десятка босых ног...

Звонарь прислушался и перевел дух.

— Погибели на вас нет... на проклятых... чтоб вас всех передушила хвороба... Ох, господи! Господи ты, боже мой! Вскую мя оставил еси... — сказал он вдруг совершенно другим голосом, в котором слышалось отчаяние исстрадавшегося и глубоко измученного человека.

— Кто здесь?.. Зачем остался? — резко спросил он, наткнувшись на Анну Михайловну, застывшую у первых ступенек.

— Идите, идите. Ничего, — прибавил он мягче. — Постойте, держитесь за меня... Пожертвование с вашей стороны звонарю будет? — опять спросил он прежним неприятно вкрадчивым тоном.

Анна Михайловна вынула из кошелька и в темноте подала ему бумажку. Слепой быстро выхватил ее из протянутой к нему руки, и, под тусклым лучом, к которому они уже успели подняться, она увидела, как он приложил бумажку к щеке и стал водить по ней пальцем. Странно освещенное и бледное лицо, так похожее на лицо ее сына, исказилось вдруг выражением наивной и жадной радости.

— Вот за это спасибо, вот спасибо. Столбовка[133] настоящая... Я думал — вы на смех... посмеяться над слепеньким... Другие, бывает, смеются.

Все лицо бедной женщины было залито слезами. Она быстро отерла их и пошла кверху, где, точно падение воды за стеной, слышались гулкие шаги и смешанные голоса опередившей ее компании.

На одном из поворотов молодые люди остановились. Они поднялись уже довольно высоко, и в узкое окно, вместе с более свежим воздухом, проникла более чистая, хотя и рассеянная струйка света. Под ней на стене, довольно гладкой в этом месте,

---

[133] Столбовка — кредитка, бумажный денежный знак; в народе такое название возникло потому, что по бокам ее были орнаменты (узоры) в виде столбов

роились какие—то надписи. Это были по большей части имена посетителей.

Обмениваясь веселыми замечаниями, молодые люди находили фамилии своих знакомых.

— А вот и сентенция, — заметил студент и прочитал с некоторым трудом: — "Мнози суть начинающий, кончающий же вмале... "[134] Очевидно, дело идет об этом восхождении, — прибавил он шутливо.

— Понимай как хочешь, — грубо ответил звонарь, поворачиваясь к нему ухом, и его брови заходили быстро и тревожно. — Тут еще стих есть, пониже. Вот бы тебе прочитать...

— Где стих? Нет никакого стиха.

— Ты вот знаешь, что нет, а я тебе говорю, что есть. От вас, зрячих, тоже сокрыто многое...

Он спустился на две ступеньки вниз и, пошарив рукой в темноте, где уже терялись последние слабые отблески дневного луча, сказал:

— Вот тут. Хороший стих, да без фонаря не прочитаете...

Петр поднялся к нему, и, проведя рукой по стене, легко разыскал суровый афоризм[135] , врезанный в стену каким—то, может быть, более столетия уже умершим человеком:

Помни смертный час,
Помни трубный глас,
Помни с жизнию разлуку,
Помни вечную муку...

— Тоже сентенция, — попробовал пошутить студент Ставрученко, но шутка как—то не вышла.

— Не нравится, — ехидно сказал звонарь. — Конечно, ты еще человек молодой, а тоже... кто знает. Смертный час

---

[134] Мнози суть начинающии, кончающии же вмале... " (церк. —слав.)
— Много начинающих, кончающих же мало
[135] Афоризм — краткое изречение

приходит, яко тать в нощи[136]... Хороший стих, — прибавил он опять как—то по—другому... — "Помни смертный час, помни трубный глас... " Да, что—то вот там будет, — закончил он опять довольно злобно.

Еще несколько ступеней, и они все вышли на первую площадку колокольни. Здесь было уже довольно высоко, но отверстие в стене вело еще более неудобным проходом выше. С последней площадки вид открылся широкий и восхитительный. Солнце склонилось на запад к горизонту, по низине легла длинная тень, на востоке лежала тяжелая туча, даль терялась в вечерней дымке, и только кое—где косые лучи выхватывали у синих теней то белую стену мазаной хатки, то загоревшееся рубином оконце, то живую искорку "а кресте дальней колокольни.

Все притихли. Высокий ветер, чистый и свободный от испарений земли, тянулся в пролеты, шевеля веревки, и, заходя в самые колокола, вызывал по временам протяжные отголоски. Они тихо шумели глубоким металлическим шумом, за которым ухо ловило что—то еще, точно отдаленную невнятную музыку или глубокие вздохи меди. От всей расстилавшейся внизу картины веяло тихим спокойствием и глубоким миром.

Но тишина, водворившаяся среди небольшого общества, имела еще другую причину. По какому—то общему побуждению, вероятно, вытекавшему из ощущения высоты и своей беспомощности, оба слепые подошли к углам пролетов и стали, опершись на них обеими руками, повернув лица навстречу тихому вечернему ветру.

Теперь ни от кого уже не ускользнуло странное сходство. Звонарь был несколько старше; широкая ряса висела складками на тощем теле, черты лица были грубее и резче. При внимательном взгляде в них проступали и различия: звонарь был блондин, нос у него был несколько горбатый, губы тоньше, чем у Петра. Над губами пробивались усы, и кудрявая бородка окаймляла подбородок. Но в жестах, в нервных складках губ, в постоянном движении бровей было то

---

[136] "Яко тать в нощи... " (церк. —слав.) — Как вор ночью

удивительное, как бы родственное сходство, вследствие которого многие горбуны тоже напоминают друг друга лицом, как братья.

Лицо Петра было несколько спокойнее. В нем виднелась привычная грусть, которая у звонаря усиливалась острою желчностью и порой озлоблением. Впрочем, теперь и он, видимо, успокаивался. Ровное веяние ветра как бы разглаживало на его лице все морщины, разливая по нем тихий мир, лежавший на всей скрытой от незрячих взоров картине... Брови шевелились все тише и тише. Но вот они опять дрогнули одновременно у обоих, как будто оба заслышали внизу какой—то звук из долины, не слышный никому другому.

— Звонят, — сказал Петр.

— Это у Егорья, за пятнадцать верст, — пояснил звонарь. — У них всегда на полчаса раньше нашего вечерня... А ты слышишь? Я тоже слышу, — другие не слышат... Хорошо тут, — продолжал он мечтательно. — Особливо в праздник. Слышали вы, как я звоню?

В вопросе звучало наивное тщеславие.

— Приезжайте послушать. Отец Памфилий... Вы не знаете отца Памфилия? Он для меня нарочито эти два подголоска[137] выписал.

Он отделился от стены и любовно погладил рукой два небольших колокола, еще не успевших потемнеть, как другие.

— Славные подголоски... Так тебе и поют, так и поют... Особливо под пасху.

Он взял в руки веревки и быстрыми движениями пальцев заставил задрожать оба колокола мелкою мелодическою дробью; прикосновения языков были так слабы и вместе так отчетливы, что перезвон был слышен всем, но звук, наверное, не распространялся дальше площадки колокольни.

— А тут тебе вот этот — бу—ух, бу—ух, бу—ух...

---

[137] Подголосок — небольшой колокол, который вторит звону большого колокола

111

Теперь его лицо осветилось детскою радостью, в которой, однако, было что—то жалкое и больное.

— Колокола—то вот выписал, — сказал он со вздохом, — а шубу новую не сошьет. Скупой! Простыл я на колокольне... Осенью всего хуже... Холодно...

Он остановился и, прислушавшись, сказал:

— Хромой вас кличет снизу. Ступайте, пора вам.

— Пойдем, — первая поднялась Эвелина, до тех пор неподвижно глядевшая на звонаря, точно завороженная.

Молодые люди двинулись к выходу, звонарь остался наверху. Петр, шагнувший было вслед за матерью, круто остановился.

— Идите, — сказал он ей повелительно. — Я сейчас.

Шаги стихли, только Эвелина, пропустившая вперед Анну Михайловну, осталась, прижавшись к стене и затаив дыхание.

Слепые считали себя одинокими на вышке. Несколько секунд они стояли, неловкие и неподвижные, к чему—то прислушиваясь.

— Кто здесь? — спросил затем звонарь.

— Я...

— Ты тоже слепой?

— Слепой. А ты давно ослеп? — спросил Петр.

— Родился таким, — ответил звонарь. — Вот другой есть у нас, Роман, — тот семи лет ослеп... А ты ночь ото дня отличить можешь ли?

— Могу.

— И я могу. Чувствую, брезжит. Роман не может, а ему все—таки легче.

— Почему легче? — живо спросил Петр.

— Почему? Не знаешь почему? Он свет видал, свою матку помнит. Понял ты: заснет ночью, она к нему во сне и приходит... Только она старая теперь, а снится ему все молодая... А тебе снится ли?

— Нет, — глухо ответил Петр.

— То—то нет. Это дело бывает, когда кто ослеп. А кто уж так родился!..

Петр стоял сумрачный и потемневший, точно на лицо его

надвинулась туча. Брови звонаря тоже вдруг поднялись высоко над глазами, в которых виднелось так знакомое Эвелине выражение слепого страдания.

— И то согрешаешь не однажды... Господи, создателю, божья матерь, пречистая!.. Дайте вы мне хоть во сне один раз свет—радость увидать...

Лицо его передернулось судорогой, и он сказал с прежним желчным выражением:

— Так нет, не дают... Приснится что—то, забрезжит, а встанешь, не помнишь...

Он вдруг остановился и прислушался. Лицо его побледнело, и какое—то судорожное выражение исказило все черты.

— Чертенят впустили, — сказал он со злостью в голосе.

Действительно, снизу из узкого прохода, точно шум наводнения, неслись шаги и крики детей. На одно мгновение все стихло, вероятно, толпа выбежала на среднюю площадку, и шум выливался наружу. Но затем темный проход загудел, как труба, и мимо Эвелины, перегоняя друг друга, пронеслась веселая гурьба детей. У верхней ступеньки они остановились на мгновение, но затем один за другим стали шмыгать мимо слепого звонаря, который с искаженным от злобы лицом совал наудачу сжатыми кулаками, стараясь попасть в кого—нибудь из бежавших.

В проходе вынырнуло вдруг из темноты новое лицо. Это был, очевидно, Роман. Лицо его было широко, изрыто оспой и чрезвычайно добродушно. Закрытые веки скрывали впадины глаз, на губах играла добродушная улыбка. Пройдя мимо прижавшейся к стене девушки, он поднялся на площадку. Размахнувшаяся рука его товарища попала ему сбоку в шею.

— Брат! — окликнул он приятным, грудным голосом. — Егорий, — опять воюешь?

Они столкнулись и ощупали друг друга.

— Зачем бісенят впустив? — спросил Егорий по—малорусски, все еще со злостью в голосе.

— Нехай собі[138] , — благодушно ответил Роман. — Пташки божий. Ось як ты их налякав[139] . Де вы тут, бісенята?..

Дети сидели по углам у решеток, притаившись, и их глаза сверкали лукавством, а отчасти страхом.

Эвелина, неслышно ступая в темноте, сошла уже до половины первого прохода, когда за ней раздались уверенные шаги обоих слепых, а сверху донесся радостный визг и крики ребят, кинувшихся целою стаей на оставшегося с ними Романа.

Компания тихо выезжала из монастырских ворот, когда с колокольни раздался первый удар. Это Роман зазвонил к вечерне.

Солнце село, коляска катилась по потемневшим полям, провожаемая ровными меланхолическими ударами, замиравшими в синих сумерках вечера.

Все молчали всю дорогу до самого дома. Вечером долго не было видно Петра. Он сидел где—то в темном углу сада, не откликаясь на призывы даже Эвелины, и прошел ощупью в комнату, когда все легли.

IV

Попельские прожили еще несколько дней у Ставрученков. К Петру по временам возвращалось его недавнее настроение, он бывал оживлен и по—своему весел, пробовал играть на новых для него инструментах, коллекция которых у старшего из сыновей Ставрученка была довольно обширна и которые очень занимали Петра — каждый со своим особенным голосом, способным выражать особенные оттенки чувства. Но все же в нем была заметна какая—то омраченность, и минуты обычного состояния духа казались вспышками на общем, все более темнеющем фоне.

---

138 Нехаи собі (укр.) — пусть себе
139 Ось як ты их налякав (укр.) — Вот как ты их напугал

114

Точно по безмолвному уговору, никто не возвращался к эпизоду в монастыре, и вся эта поездка как будто выпала у всех из памяти и забылась. Однако было заметно, что она запала глубоко в сердце слепого. Всякий раз, оставшись наедине или в минуты общего молчания, когда его не развлекали разговоры окружающих, Петр глубоко задумывался, и на лицо его ложилось выражение какой—то горечи. Это было знакомое всем выражение, но теперь оно казалось более резким и... сильно напоминало слепого звонаря.

За фортепиано, в минуты наибольшей непосредственности, в его игру часто вплетался теперь мелкий перезвон колоколов и протяжные вздохи меди на высокой колокольне... И то, о чем никто не решался заговорить, ясно вставало у всех в воображении: мрачные переходы, тонкая фигура звонаря с чахоточным румянцем, его злые окрики и желчный ропот на судьбу... А затем оба слепца в одинаковых позах на вышке, с одинаковым выражением лиц, с одинаковыми движениями чутких бровей... То, что близкие до сих пор считали личной особенностью Петра, теперь являлось общей печатью темной стихии, простиравшей свою таинственную власть одинаково на своих жертв.

— Послушай, Аня, — спросил Максим у сестры по возвращении домой. — Не знаешь ли ты, что случилось во время нашей поездки? Я вижу, что мальчик изменился именно с этого дня.

— Ах, это все из—за встречи со слепым, — ответила Анна Михайловна со вздохом.

Она недавно еще отослала в монастырь две теплые бараньи шубы и деньги с письмом к отцу Памфилию, прося его облегчить по возможности участь обоих слепцов. У нее вообще было доброе сердце, но сначала она забыла в Романе, и только Эвелина напомнила ей, что следовало позаботиться об обоих. "Ах, да, да, конечно", — ответила Анна Михайловна, но было видно, что ее мысли заняты одним. К ее жгучей жалости примешивалось отчасти суеверное чувство: ей казалось, что этой жертвой она умилостивит какую—то темную силу, уже надвигающуюся мрачною тенью над головой ее ребенка.

— С каким слепым? — переспросил Максим с удивлением.

— Да с этим... на колокольне...

Максим сердито стукнул костылем.

— Какое проклятье — быть безногим чурбаном! Ты забываешь, что я не лазаю по колокольням, а от баб, видно, не добьешься толку. Эвелина, попробуй хоть ты сказать разумно, что же такое было на колокольне?

— Там, — тихо ответила тоже побледневшая за эти дни девушка, — есть слепой звонарь... И он...

Она остановилась. Анна Михайловна закрыла ладонями пылающее лицо, по которому текли слезы.

— И он очень похож на Петра.

— И вы мне ничего не сказали! Ну, что же дальше? Это еще не достаточная причина для трагедий, Аня, — прибавил он с мягким укором.

— Ах, это так ужасно, — ответила Анна Михайловна тихо.

— Что же ужасно? Что он похож на твоего сына?

Эвелина многозначительно посмотрела на старика, и он смолк. Через несколько минут Анна Михайловна вышла, а Эвелина осталась со своей всегдашней работой в руках.

— Ты сказала не все? — спросил Максим после минутного молчания.

— Да. Когда все сошли вниз, Петр остался. Он велел тете Ане (она так называла Попельскую с детства) уйти за всеми, а сам остался со слепым. И я... тоже осталась.

— Подслушивать? — сказал старый педагог почти машинально.

— Я не могла... уйти... — ответила Эвелина тихо. — Они разговаривали друг с другом, как...

— Как товарищи по несчастью?

— Да, как слепые... Потом Егор спросил у Петра, видит ли он во сне мать. Петр говорит: "Не вижу". И тот тоже не видит. А другой слепец, Роман, видит во сне свою мать молодою, хотя она уже старая...

— Так! Что же дальше?

Эвелина задумалась и потом, поднимая на старика свои

116

синие глаза, в которых теперь виднелась борьба и страдание, сказала:

— Тот, Роман, добрый и спокойный. Лицо у него грустное, но не злое... Он родился зрячим... А другой... Он очень страдает, — вдруг свернула она.

— Говори, пожалуйста, прямо, — нетерпеливо перебил Максим, — другой озлоблен?

— Да. Он хотел прибить детей и проклинал их. А Романа дети любят...

— Зол и похож на Петра... понимаю, — задумчиво сказал Максим.

Эвелина еще помолчала и затем, как будто эти слова стоили ей тяжелой внутренней борьбы, проговорила совсем тихо:

— Лицом оба не похожи... черты другие. Но в выражении... Мне казалось, что прежде у Петра бывало выражение немножко, как у Романа, а теперь все чаще виден тот, другой... и еще... Я боюсь, я думаю...

— Чего ты боишься? Поди сюда, моя умная крошка, — сказал Максим с необычной нежностью.

И когда она, ослабевая от этой ласки, подошла к нему со слезами на глазах, он погладил ее шелковистые волосы своей большой рукой и сказал:

— Что же ты думаешь? Скажи. Ты, я вижу, умеешь думать.

— Я думаю, что... он считает теперь, что... все слепорожденные злые... И он уверил себя, что он тоже... непременно.

— Да, вот что... — проговорил Максим, вдруг отнимая руку. — Дай мне мою трубку, голубушка... Вон она там, на окне.

Через несколько минут над его головой взвилось синее облако дыма.

"Гм... да... плохо, — ворчал он про себя. — Я ошибся. Аня была права: можно грустить и страдать о том, чего не испытал ни разу. А теперь к инстинкту присоединилось сознание, и оба пойдут в одном направлении. Проклятый случай... А впрочем, шила, как говорится, в мешке не спрячешь... Все где-нибудь выставится..."

117

Он совсем потонул в сизых облаках... В квадратной голове старика кипели какие—то мысли и новые решения.

V

Пришла зима. Выпал глубокий снег и покрыл дороги, поля, деревни. Усадьба стояла вся белая, на деревьях лежали пушистые хлопья, точно сад опять распустился белыми листьями... В большом камине потрескивал огонь, каждый входящий со двора вносил с собою свежесть и запах мягкого снега...

Поэзия первого зимнего дня была по—своему доступна слепому. Просыпаясь утром, он ощущал всегда особенную бодрость и узнавал приход зимы по топанью людей, входящих в кухню, по скрипу дверей, по острым, едва уловимым струйкам, разбегавшимся по всему дому, по скрипу шагов на дворе, по особенной "холодности" всех наружных звуков. И когда он выезжал с Иохимом по первопутку в поле, то слушал с наслаждением звонкий скрип саней и какие—то гулкие щелканья, которыми лес из—за речки обменивался с дорогой и полем.

На этот раз первый белый день повеял на него только большею грустью. Надев с утра высокие сапоги, он пошел, прокладывая рыхлый след по девственным еще дорожкам, к мельнице.

В саду было совершенно тихо. Смерзшаяся земля, покрытая пушистым мягким слоем, совершенно смолкла, не отдавая звуков; зато воздух стал как—то особенно чуток, отчетливо и полно перенося на далекие расстояния и крик вороны, и удар топора, и легкий треск обломавшейся ветки... По временам слышался странный звон, точно от стекла, переходивший на самые высокие ноты и замиравший как будто в огромном удалении. Это мальчишки кидали камни на

118

деревенском пруду, покрывшемся к утру тонкой пленкой первого льда.

В усадьбе пруд тоже замерз, но речка у мельницы, отяжелевшая и темная, все еще сочилась в своих пушистых берегах и шумела на шлюзах.

Петр подошел к плотине и остановился, прислушиваясь. Звон воды был другой — тяжелее и без мелодии. В нем как будто чувствовался холод помертвевших окрестностей...

В душе Петра тоже было холодно и сумрачно. Темное чувство, которое еще в тот счастливый вечер поднималось из глубины души каким—то опасением, неудовлетворенностью и вопросом, теперь разрослось и заняло в душе место, еще недавно принадлежавшее ощущениям радости и счастья.

Эвелины в усадьбе не было. Яскульские собрались с осени к "благодетельнице", старой графине Потоцкой, которая непременно требовала, чтобы старики привезли также дочь. Эвелина сначала противилась, но потом уступила настояниям отца, к которым очень энергично присоединился и Максим.

Теперь Петр, стоя у мельницы, вспоминал свои прежние ощущения, старался восстановить их прежнюю полноту и цельность и спрашивал себя, чувствует ли он ее отсутствие. Он его чувствовал, но сознавал также, что и присутствие ее не дает ему счастья, а приносит особенное страдание, которое без нее несколько притупилось.

Еще так недавно в его ушах звучали ее слова, вставали все подробности первого объяснения, он чувствовал под руками ее шелковистые волосы, слышал у своей груди удары ее сердца. И из всего этого складывался какой—то образ, наполнявший его радостью. Теперь что—то бесформенное, как те призраки, которые населяли его темное воображение, ударило в этот образ мертвящим дуновением, и он разлетелся. Он уже не мог соединить свои воспоминания в ту гармоничную цельность чувства, которая переполняла его в первое время. Уже с самого начала на дне этого чувства лежало зернышко чего—то другого, и теперь это "другое" расстилалось над ним, как стелется грозовая туча по горизонту.

Звуки ее голоса угасли, и на месте ярких впечатлений

счастливого вечера зияла пустота. А навстречу этой пустоте из самой глубины души слепого подымалось что—то с тяжелым усилием, чтобы ее заполнить.

Он хотел ее видеть!

Прежде он только чувствовал тупое душевное страдание, но оно откладывалось в душе неясно, тревожило смутно, как ноющая зубная боль, на которую мы еще не обращаем внимания. Встреча с слепым звонарем придала этой боли остроту сознанного страдания...

Он ее полюбил и хотел ее видеть!

Так шли дни за днями в притихшей и занесенной снегом усадьбе.

По временам, когда мгновения счастья вставали перед ним, живые и яркие, Петр несколько оживлялся, и лицо его прояснялось. Но это бывало ненадолго, а со временем даже эти светлые минуты приняли какой—то беспокойный характер: казалось, слепой боялся, что они улетят и никогда уже не вернутся. Это делало его обращение неровным: минуты порывистой нежности и сильного нервного возбуждения сменялись днями подавленной беспросветной печали. В темной гостиной по вечерам рояль плакала и надрывалась глубокою и болезненною грустью, и каждый ее звук отзывался болью в сердце Анны Михайловны. Наконец худшие ее опасения сбылись: к юноше вернулись тревожные сны его детства.

Одним утром Анна Михайловна вошла в комнату сына. Он еще спал, но его сон был как—то странно тревожен: глаза полуоткрылись и тускло глядели из—под приподнятых век, лицо было бледно, и на нем виднелось выражение беспокойства.

Мать остановилась, окидывая сына внимательным взглядом, стараясь открыть причину странной тревоги. Но она видела только, что эта тревога все вырастает и на лице спящего обозначается все яснее выражение напряженного усилия.

Вдруг ей почудилось над постелью какое—то едва уловимое движение. Яркий луч ослепительного зимнего солнца, ударявший в стену над самым изголовьем, будто дрогнул и слегка скользнул вниз. Еще и еще... светлая полоска тихо прокрадывалась к полуоткрытым глазам, и по мере ее приближения беспокойство спящего все возрастало.

Анна Михайловна стояла неподвижно, в состоянии, близком к кошмару, и не могла оторвать испуганного взгляда от огненной полосы, которая, казалось ей, легкими, но все же заметными толчками все ближе надвигается к лицу ее сына. И это лицо все больше бледнело, вытягивалось, застывало в выражении тяжелого усилия. Вот желтоватый отблеск заиграл в волосах, затеплился на лбу юноши. Мать вся подалась вперед, в инстинктивном стремлении защитить его, но ноги ее не двигались, точно в настоящем кошмаре. Между тем веки спящего совсем приподнялись, в неподвижных зрачках заискрились лучи, и голова заметно отделилась от подушки навстречу свету. Что—то вроде улыбки или плача пробежало судорожною вспышкой по губам, и все лицо опять застыло в неподвижным порыве.

Наконец мать победила оковавшую ее члены неподвижность и, подойдя к постели, положила руку на голову сына. Он вздрогнул и проснулся.

— Ты, мама? — спросил он.

— Да, это я.

Он приподнялся. Казалось, тяжелый туман застилал его сознание. Но через минуту он сказал:

— Я опять видел сон... Я теперь часто вижу сны, но... ничего не помню...

VI

Беспросветная грусть сменялась в настроении юноши раздражительною нервностью, и вместе с тем возрастала замечательная тонкость его ощущений. Слух его чрезвычайно обострился; свет он ощущал всем своим организмом, и это было заметно даже ночью: он мог отличать лунные ночи от темных и нередко долго ходил по двору, когда все в доме спали, молчаливый и грустный, отдаваясь странному действию мечтательного и фантастического лунного света. При этом его бледное лицо всегда поворачивалось за плывшим по синему небу огненным шаром, и глаза отражали искристый отблеск холодных лучей.

Когда же этот шар, все выраставший по мере приближения к земле, подергивался тяжелым красным туманом и тихо скрывался за снежным горизонтом, лицо слепого становилось спокойнее и мягче, и он уходил в свою комнату.

О чем он думал в эти долгие ночи, трудно сказать. В известном возрасте каждый, кто только изведал радости и муки вполне сознательного существования, переживает в большей или меньшей степени состояния душевного кризиса. Останавливаясь на рубеже деятельной жизни, человек старается определить свое место в природе, свое значение, свои отношения к окружающему миру. Это своего рода "мертвая точка", и благо тому, кого размах жизненной силы проведет через нее без крупной ломки. У Петра этот душевный кризис еще осложнялся; к вопросу: "зачем жить на свете?" — он прибавлял: "зачем жить именно слепому?" Наконец, в самую эту работу нерадостной мысли вдвигалось еще что—то постороннее, какое—то почти физическое давление неутоленной потребности, и это отражалось на складе его характера.

Перед рождеством Яскульские вернулись, и Эвелина, живая и радостная, со снегом в волосах и вся обвеянная свежестью и холодом, прибежала из посессорского хутора в усадьбу и кинулась обнимать Анну Михайловну, Петра и Максима.

В первые минуты лицо Петра осветилось неожиданною радостью, но затем на нем появилось опять выражение какой—то упрямой грусти.

— Ты думаешь, я люблю тебя? — резко спросил он в тот же день, оставшись наедине с Эвелиной.

— Я в этом уверена, — ответила девушка.

— Ну, а я не знаю, — угрюмо возразил слепой. — Да, я не знаю. Прежде и я был уверен, что люблю тебя больше всего на свете, но теперь не знаю. Оставь меня, послушайся тех, кто зовет тебя к жизни, пока не поздно.

— Зачем ты мучишь меня? — вырвалась у нее тихая жалоба.

— Мучу? — переспросил юноша, и опять на его лице появилось выражение упрямого эгоизма. — Ну да, мучу. И буду мучить таким образом всю жизнь, и не могу не мучить. Я сам не знал этого, а теперь я знаю. И я не виноват. Та самая рука, которая лишила меня зрения, когда я еще не родился, вложила в меня эту злобу... Мы все такие, рожденные слепыми. Оставь меня... бросьте меня все, потому что я могу дать одно страдание взамен любви... Я хочу видеть — понимаешь? хочу видеть и не могу освободиться от этого желания. Если б я мог увидеть таким образом мать, отца, тебя и Максима, я был бы доволен... Я запомнил бы, унес бы это воспоминание в темноту всей остальной жизни...

И он с замечательным упорством возвращался к этой идее. Оставаясь наедине, он брал в руки различные предметы, ощупывал их с небывалою внимательностью и потом, отложив их в сторону, старался вдумываться в изученные формы. Точно так же вдумывался он в те различия ярких цветных поверхностей, которые, при напряженной чуткости нервной системы, он смутно улавливал посредством осязания. Но все это проникало в его сознание именно только как различия, в своих взаимных отношениях, но без определенного чувственного содержания. Теперь даже солнечный день он отличал от ночной темноты лишь потому, что действие яркого света, проникавшего к мозгу недоступными сознанию путями, только сильнее раздражало его мучительные порывы.

VII

Однажды, войдя в гостиную, Максим застал там Эвелину и Петра. Девушка казалась смущенной. Лицо юноши было мрачно. Казалось, разыскивать новые причины страдания и мучить ими себя и других стало для него чем—то вроде потребности.

— Вот он спрашивает, — сказала Эвелина Максиму, — что может означать выражение "красный звон"? Я не могу ему объяснить.

— В чем дело? — спросил Максим коротко, обращаясь к Петру.

Тот пожал плечами.

— Ничего особенного. Но если у звуков есть цвета, и я их не вижу, то, значит, даже звуки недоступны мне во всей полноте.

— Пустяки и ребячество, — ответил Максим резко. — И ты сам хорошо знаешь, что это неправда. Звуки доступны тебе в большей полноте, чем нам.

— Но что же значит это выражение?.. Ведь должно же оно обозначать что—нибудь?

Максим задумался.

— Это простое сравнение, — сказал он. — Так как и звук и свет, в сущности, сводятся к движению, то у них должно быть много общих свойств.

— Какие же тут разумеются свойства? — продолжал упрямо допрашивать слепой. — "Красный" звон... какой он именно?

Максим задумался.

Ему пришло в голову объяснение, сводящееся к относительным цифрам колебаний, но он знал, что юноше нужно не это. Притом же тот, кто первый употребил световой эпитет в применении к звуку, наверное, не знал физики, а между тем уловил какое—то сходство. В чем же оно заключается?

В уме старика зародилось некоторое представление.

— Погоди, — сказал он. — Не знаю, впрочем, удастся ли

мне объяснить тебе как следует... Что такое красный звон, ты можешь узнать не хуже меня: ты слышал его не раз в городах, в большие праздники, только в нашем краю не принято это выражение...

— Да, да, погоди, — сказал Петр, быстро открывая пианино.

Он ударил своею умелою рукой по клавишам, подражая праздничному колокольному трезвону. Иллюзия[140] была полная. Аккорд из нескольких невысоких тонов составлял как бы фон поглубже, а на нем выделялись, прыгая и колеблясь, высшие ноты, более подвижные и яркие. В общем это был именно тот высокий и возбужденно—радостный гул, который заполняет собою праздничный воздух.

— Да, — сказал Максим, — это очень похоже, и мы, с открытыми глазами, не сумели бы усвоить это лучше тебя. Вот видишь ли... когда я смотрю на большую красную поверхность, она производит на мой глаз такое же беспокойное впечатление чего—то упруго—волнующегося. Кажется, будто эта краснота меняется: оставляя под собой более глубокий, темный фон, она кое—где выделяется более светлыми, быстро всплывающими и так же быстро упадающими взмахами, волнами, которые очень сильно действуют на глаз, — по крайней мере, на мой глаз.

— Это верно, верно! — живо сказала Эвелина. — Я чувствую то же самое и не могу долго смотреть на красную суконную скатерть.

— Так же, как иные не выносят праздничного трезвона. Пожалуй, что мое сравнение и верно, и мне даже приходит в голову дальнейшее сопоставление: существует также "малиновый" звон, как и малиновый цвет. Оба они очень близки к красному, но только глубже, ровнее и мягче. Когда колокольчик долго был в употреблении, то он, как говорят любители, вызванивается. В его звуке исчезают неровности, режущие ухо, и тогда—то звон этот зовут малиновым. Того же эффекта достигают умелым подбором нескольких подголосков.

---

140 Иллюзия — здесь: впечатление

Под руками Петра пианино зазвенело взмахами почтовых колокольчиков.

— Нет, — сказал Максим. — Я бы сказал, что это слишком красно...

— А, помню!

И инструмент зазвенел ровнее. Начавшись высоко, оживленно и ярко, звуки становились все глубже и мягче. Так звонит набор колокольцев под дугой русской тройки, удаляющейся по пыльной дороге в вечернюю безвестную даль, тихо, ровно, без громких взмахов, все тише и тише, пока последние ноты не замрут в молчании спокойных полей.

— Вот—вот! — сказал Максим. — Ты понял разницу. Когда—то, — ты был еще ребенком, — мать пыталась объяснить тебе звуками краски.

— Да, я помню... Зачем ты запретил нам тогда продолжать? Может быть, мне удалось бы понять.

— Нет, — задумчиво ответил старик, — ничего бы не вышло. Впрочем, я думаю, что вообще на известной душевной глубине впечатления от цветов и от звуков откладываются уже как однородные. Мы говорим: он видит все в розовом свете. Это значит, что человек настроен радостно. То же настроение может быть вызвано известным сочетанием звуков. Вообще звуки и цвета являются символами[141] одинаковых душевных движений.

Старик закурил свою трубку и внимательно посмотрел на Петра. Слепой сидел неподвижно и, очевидно, жадно ловил слова Максима. "Продолжать ли?" — подумал старик, но через минуту начал как—то задумчиво, будто невольно отдаваясь странному направлению своих мыслей:

— Да, да! Странные мысли приходят мне в голову... Случайность это или нет, что кровь у нас красная. Видишь ли... когда в голове твоей рождается мысль, когда ты видишь свои сны, от которых, проснувшись, дрожишь и плачешь, когда человек весь вспыхивает от страсти, — это значит, что кровь

---

[141] Символ — здесь: знак

126

бьет из сердца сильнее и приливает алыми ручьями к мозгу. Ну, и она у нас красная...

— Красная... горячая... — сказал юноша задумчиво.

— Именно — красная и горячая. И вот, красный цвет, как и "красные" звуки, оставляет в нашей душе свет, возбуждение и представления о страсти, которую так и называют "горячею", кипучею, жаркою. Замечательно, что и художники считают красноватые тоны "горячими".

Затянувшись и окружив себя клубами дыма, Максим продолжал:

— Если ты взмахнешь рукой над своею головою, ты очертишь над ней полукруг. Теперь представь себе, что рука у тебя бесконечно длинна. Если бы ты мог тогда взмахнуть ею, то очертил бы полукруг в бесконечном отдалении... Так же далеко видим мы над собой полушаровой свод неба; оно ровно, бесконечно и сине... Когда мы видим его таким, в душе является ощущение спокойствия и ясности. Когда же небо закроют тучи взволнованными и мутными очертаниями, тогда и наша душевная ясность возмущается неопределенным волнением. Ты ведь чувствуешь, когда приближается грозовая туча...

— Да, я чувствую, как будто что—то смущает душу...

— Это верно. Мы ждем, когда из—за туч проглянет опять эта глубокая синева. Гроза пройдет, а небо над нею останется все то же; мы это знаем и потому спокойно переживаем грозу. Так вот, небо сине... Море тоже сине, когда спокойно. У твоей матери синие глаза, у Эвелины тоже.

— Как небо... — сказал слепой с внезапно проснувшейся нежностью.

— Да. Голубые глаза считаются признаком ясной души. Теперь я скажу тебе о зеленом свете. Земля сама по себе черна, черны или серы стволы деревьев весной; но как только теплые и светлые лучи разогреют темные поверхности, из них ползут кверху зеленая трава, зеленые листья. Для зелени нужны свет и тепло, но только не слишком много тепла и света. Оттого зелень так приятна для глаза. Зелень — это как будто тепло в смешении с сырою прохладой: она возбуждает представление о спокойном довольстве, здоровье, но не о страсти и не о том, что люди называют счастьем... Понял ли ты?

— Н—нет, не ясно... но все же, пожалуйста, говори дальше.

— Ну, что же делать!.. Слушай дальше. Когда лето разгорается все жарче, зелень как будто изнемогает от избытка жизненной силы, листья в истоме опускаются книзу и, если солнечный звон не умеряется сырою прохладой дождя, зелень может совсем поблекнуть. Зато к осени среди усталой листвы наливается и алеет плод. Плод краснее на той стороне, где больше света; в нем как будто сосредоточена вся сила жизни, вся страсть растительной природы. Ты видишь, что красный цвет и здесь — цвет страсти, и он служит ее символом. Это цвет упоения, греха, ярости, гнева и мести. Народные массы во времена мятежей ищут выражения общего чувства в красном знамени, которое развевается над ними, как пламя... Но ведь ты опять не понимаешь?..

— Все равно, продолжай!

— Наступает поздняя осень. Плод отяжелел; он срывается и падает на землю... Он умирает, но в нем живет семя, а в этом семени живет в "возможности" и все будущее растение, с его будущею роскошной листвой и с его новым плодом. Семя падает на землю; а над землей низко подымается уже холодное солнце, бежит холодный ветер, несутся холодные тучи... Не только страсть, но и самая жизнь замирает тихо, незаметно... Земля все больше проступает из—под зелени своей чернотой, в небе господствуют холодные тоны... И вот наступает день, когда на эту смирившуюся и притихшую, будто овдовевшую землю падают миллионы снежинок, и вся она становится ровна, одноцветна и бела... Белый цвет — это цвет холодного снега, цвет высочайших облаков, которые плывут в недосягаемом холоде поднебесных высот, — цвет величавых и бесплодных горных вершин... Это — эмблема бесстрастия и холодной, высокой святости, эмблема будущей бесплотной жизни. Что же касается черного цвета...

— Знаю, — перебил слепой. — Это — нет звуков, нет движений... ночь...

— Да, и потому это — эмблема печали и смерти...

128

Петр вздрогнул и сказал глухо:

— Ты сам сказал: смерти. А ведь для меня все черно... всегда и всюду черно!

— Неправда, — резко ответил Максим, — для тебя существуют звуки, тепло, движение... ты окружен любовью... Многие отдали бы свет очей за то, чем ты пренебрегаешь, как безумец... Но ты слишком эгоистично носишься со своим горем...

— Да! — воскликнул Петр страстно. — Я ношусь с ним поневоле: куда же мне уйти от него, когда оно всюду со мной?

— Если бы ты мог понять, что на свете есть горе во сто раз больше твоего, такое горе, в сравнении с которым твоя жизнь, обеспеченная и окруженная участием, может быть названа блаженством, — тогда...

— Неправда, неправда! — гневно перебил слепой тем же голосом страстного возбуждения. — Я поменялся бы с последним нищим, потому что он счастливее меня. Да и слепых вовсе не нужно окружать заботой: это большая ошибка... Слепых нужно выводить на дорогу и оставлять там, — пусть просят милостыню. Если бы я был просто нищим, я был бы менее несчастен. С утра я думал бы о том, чтобы достать обед, считал бы подаваемые копейки и боялся бы, что их мало. Потом радовался бы удачному сбору, потом старался бы собрать на ночлег. А если б это не удалось, я страдал бы от голода и холода... и все это не оставляло бы мне ни минуты и... и... от лишений я страдал бы менее, чем страдаю теперь...

— Ты думаешь? — спросил Максим холодно и посмотрел в сторону Эвелины. Во взгляде старика мелькнуло сожаление и участие. Девушка сидела серьезная и бледная.

— Уверен, — ответил Петр упрямо и жестоко. — Я теперь часто завидую Егору, тому, что на колокольне. Часто, просыпаясь под утро, особенно когда на дворе метель и вьюга, я вспоминаю Егора: вот он подымается на свою вышку.

— Ему холодно, — подсказал Максим.

— Да, ему холодно, он дрожит и кашляет. И он проклинает Памфилия, который не заведет ему шубы. Потом он берет иззябшими руками веревки и звонит к заутрене. И забывает, что он слепой... Потому что тут было бы холодно и не слепому... А я не забываю, и мне...

— И тебе не за что проклинать!..

— Да! Мне не за что проклинать! Моя жизнь наполнена одной слепотой. Никто не виноват, но я несчастнее всякого нищего...

— Не стану спорить, — холодно сказал старик. — Может быть, это и правда. Во всяком случае, если тебе и было бы хуже, то, может быть, сам ты был бы лучше.

Он еще раз бросил взгляд сожаления в сторону девушки и вышел из комнаты, стуча костылями.

Душевное состояние Петра после этого разговора еще обострилось, и он еще более погрузился в свою мучительную работу.

Иногда ему удавалось: он находил на мгновение те ощущения, о которых говорил Максим, и они присоединялись к его пространственным представлениям. Темная и грустная земля уходила куда—то вдаль: он мерил ее и не находил ей конца. А над нею было что—то другое... В воспоминании прокатывался гулкий гром, вставало представление о шири и небесном просторе. Потом гром смолкал, но что—то там, вверху, оставалось — что—то, рождавшее в душе ощущение величия и ясности. Порой это ощущение определялось: к нему присоединялся голос Эвелины и матери, "у которых глаза, как небо"; тогда возникающий образ, выплывший из далекой глубины воображения и слишком определившийся, вдруг исчезал, переходя в другую область.

Все эти темные представления мучили и не удовлетворяли. Они стоили больших усилий и были так неясны, что в общем он чувствовал лишь неудовлетворенность и тупую душевную боль, которая сопровождала все потуги больной души, тщетно стремившейся восстановить полноту своих ощущений.

VIII

Подошла весна.

Верстах в шестидесяти от усадьбы Попельских в сторону, противоположную от Ставрученков, в небольшом городишке, была чудотворная католическая икона. Знатоки дела определили с полною точностью ее чудодейственную силу: всякий, кто приходил к иконе в день ее праздника пешком, пользовался "двадцатью днями отпущения", то есть все его беззакония, совершенные в течение двадцати дней, должны были идти на том свете насмарку. Поэтому каждый год, ранней весной, в известный день небольшой городок оживлялся и становился неузнаваем. Старая церковка принаряжалась к своему празднику первою зеленью и первыми весенними цветами, над городом стоял радостный звон колокола, грохотали "брички" панов, и богомольцы располагались густыми толпами по улицам, на площадях и даже далеко в поле. Тут были не одни католики. Слава N—ской иконы гремела далеко, и к ней приходили также негодующие и огорченные православные, преимущественно из городского класса.

В самый день праздника по обе стороны "каплицы"[142] народ вытянулся по дороге несметною пестрою вереницей. Тому, кто посмотрел бы на это зрелище с вершины одного из холмов, окружавших местечко, могло бы показаться, что это гигантский зверь растянулся по дороге около часовни и лежит тут неподвижно, по временам только пошевеливая матовою чешуей разных цветов. По обеим сторонам занятой народом дороги в два ряда вытянулось целое полчище нищих, протягивавших руки за подаянием.

Максим на своих костылях и рядом с ним Петр об руку с Иохимом тихо двигались вдоль улицы, которая вела к выходу в поле.

Говор многоголосной толпы, выкрикивания евреев—

факторов[143], стук экипажей — весь этот грохот, катившийся какою—то гигантскою волной, остался сзади, сливаясь в одно беспрерывное, колыхавшееся, подобно волне, рокотание. Но и здесь, хотя толпа была реже, все же то и дело слышался топот пешеходов, шуршание колес, людской говор. Целый обоз чумаков[144] выезжал со стороны поля и, поскрипывая, грузно сворачивал в ближайший переулок.

Петр рассеянно прислушивался к этому живому шуму, послушно следуя за Максимом; он то и дело запахивал пальто, так как было холодно, и продолжал на ходу ворочать в голове свои тяжелые мысли.

Но вдруг, среди этой эгоистической сосредоточенности, что—то поразило его внимание так сильно, что он вздрогнул и внезапно остановился.

Последние ряды городских зданий кончились здесь, и широкая трактовая дорога входила в город среди заборов и пустырей. У самого выхода в поле благочестивые руки воздвигли когда—то каменный столб с иконой и фонарем, который, впрочем, скрипел только вверху от ветра, но никогда не зажигался. У самого подножия этого столба расположились кучкой слепые нищие, оттертые своими зрячими конкурентами с более выгодных мест. Они сидели с деревянными чашками в руках и по временам кто—нибудь затягивал жалобную песню:

— По—дайте слипенькым... ра—а—ди Христа...

День был холодный, нищие сидели здесь с утра, открытые свежему ветру, налетавшему с поля. Они не могли двигаться среди этой толпы, чтобы согреться, и в их голосах, тянувших по очереди унылую песню, слышалась безотчетная жалоба физического страдания и полной беспомощности. Первые ноты слышались еще довольно отчетливо, но затем из сдавленных грудей вырывался только жалобный ропот,

---

[143] Фактор — здесь: в дореволюционной России — посредник в делах, комиссионер
[144] Чумаки — украинские крестьяне, возившие на волах хлеб для продажи в Крым и на Дон и привозившие оттуда соль и рыбу

замиравший тихою дрожью озноба. Тем не менее даже последние, самые тихие звуки песни, почти терявшиеся среди уличного шума, достигая человеческого слуха, поражали всякого громадностью заключенного в них непосредственного страдания.

Петр остановился, и его лицо исказилось, точно какой—то слуховой призрак явился перед ним в виде этого страдальческого вопля.

— Что же ты испугался? — спросил Максим. — Это те самые счастливцы, которым ты недавно завидовал, — слепые нищие, которые просят здесь милостыню... Им немного холодно, конечно. Но ведь от этого, по—твоему, им только лучше.

— Уйдем! — сказал Петр, хватая его за руку.

— А, ты хочешь уйти! У тебя в душе не найдется другого побуждения при виде чужих страданий! Постой, я хочу поговорить с тобой серьезно и рад, что это будет именно здесь. Ты вот сердишься, что времена изменились, что теперь слепых не рубят в ночных сечах, как Юрка—бандуриста; ты досадуешь, что тебе некого проклинать, как Егору, а сам проклинаешь в душе своих близких за то, что они отняли у тебя счастливую долю этих слепых. Клянусь честью, ты, может быть, прав! Да, клянусь честью старого солдата, всякий человек имеет право располагать своей судьбой, а ты уже человек. Слушай же теперь, что я скажу тебе: если ты захочешь исправить нашу ошибку, если ты швырнешь судьбе в глаза все преимущества, которыми жизнь окружила тебя с колыбели, и захочешь испытать участь вот этих несчастных... я, Максим Яценко, обещаю тебе свое уважение, помощь и содействие... Слышишь ты меня, Петр Попельский? Я был немногим старше тебя, когда понес свою голову в огонь и сечу... Обо мне тоже плакала мать, как будет плакать о тебе. Но, черт возьми! я полагаю, что был в своем праве, как и ты теперь в своем!.. Раз в жизни к каждому человеку приходит судьба и говорит: выбирай! Итак, тебе стоит захотеть... Хведор Кандыба, ты здесь? — крикнул он по направлению к слепым.

Один голос отделился от скрипучего хора и ответил:

— Тут я... Это вы кличете, Максим Михайлович?

— Я! Приходи через неделю, куда я сказал.

— Приду, паночку. — И голос слепца опять примкнул к хору.

— Вот, ты увидишь человека, — сказал, сверкая глазами, Максим, — который вправе роптать на судьбу и на людей. Поучись у него переносить свою долю... А ты...

— Пойдем, паничу, — сказал Иохим, кидая на старика сердитый взгляд.

— Нет, постой! — гневно крикнул Максим. — Никто еще не прошел мимо слепых, не кинув им хоть пятака. Неужели ты убежишь, не сделав даже этого? Ты умеешь только кощунствовать[145] со своею сытою завистью к чужому голоду!..

Петр поднял голову, точно от удара кнутом. Вынув из кармана свой кошелек, он пошел по направлению к слепым. Нащупав палкою переднего, он разыскал рукой деревянную чашку с медью и бережно положил туда свои деньги. Несколько прохожих остановились и смотрели с удивлением на богато одетого и красивого панича, который ощупью подавал милостыню слепому, принимавшему ее также ощупью.

Между тем Максим круто повернулся и заковылял по улице. Его лицо было красно, глаза горели... С ним была, очевидно, одна из тех вспышек, которые были хорошо известны всем, знавшим его в молодости. И теперь это был уже не педагог, взвешивающий каждое слово, а страстный человек, давший волю гневному чувству. Только кинув искоса взгляд на Петра, старик как будто смягчился. Петр был бледен, как бумага, но брови его были сжаты, а лицо глубоко взволнованно.

Холодный ветер взметал за ними пыль на улицах местечка[146]. Сзади, среди слепых поднялся говор и ссоры из-за данных Петром денег...

---

[145] Кощунствовать — оскорбительно относиться к чему-либо, всеми почитаемому

[146] Местечко — на Украине большое селение городского типа

134

IX

Было ли это следствием простуды, или разрешением долгого душевного кризиса, или, наконец, то и другое соединилось вместе, но только на другой день Петр лежал в своей комнате в нервной горячке. Он метался в постели с искаженным лицом, по временам к чему—то прислушиваясь, и куда—то порывался бежать. Старый доктор из местечка щупал пульс и говорил о холодном осеннем ветре; Максим хмурил брови и не глядел на сестру.

Болезнь была упорна. Когда наступил кризис, больной лежал несколько дней почти без движения. Наконец молодой организм победил.

Раз, светлым осенним утром, яркий луч прорвался в окно и упал к изголовью больного. Заметив это, Анна Михайловна обратилась к Эвелине:

— Задерни занавеску... Я так боюсь этого света...

Девушка поднялась, чтобы исполнить приказание, но неожиданно раздавшийся, в первый раз, голос больного остановил ее:

— Нет, ничего. Пожалуйста, оставьте так...

Обе женщины радостно склонились над ним.

— Ты слышишь?.. Я здесь!.. — сказала мать.

— Да! — ответил он и потом смолк, будто стараясь что—то припомнить. — Ах да! — заговорил он тихо и вдруг попытался подняться. — Тот... Федор приходил уже? — спросил он.

Эвелина переглянулась с Анной Михайловной, и та закрыла ему рот рукой.

— Тише, тише! Не говори: тебе вредно.

Он прижал руку матери к губам и покрыл ее поцелуями. На его глазах стояли слезы. Он долго плакал, и это его облегчило.

Несколько дней он был как—то кротко задумчив, и на лице его появлялось выражение тревоги всякий раз, когда мимо комнаты проходил Максим. Женщины заметили это и просили

Максима держаться подальше. Но однажды Петр сам попросил позвать его и оставить их вдвоем.

Войдя в комнату, Максим взял его за руку и ласково погладил ее.

— Ну—ну, мой мальчик, — сказал он. — Я, кажется, должен попросить у тебя прощения...

— Я понимаю, — тихо сказал Петр, отвечая на пожатие. — Ты дал мне урок, и я тебе за него благодарен.

— К черту уроки! — ответил Максим с гримасой нетерпения. — Слишком долго оставаться педагогом — это ужасно оглупляет. Нет, этот раз я не думал ни о каких уроках, а просто очень рассердился на тебя и на себя...

— Значит, ты действительно хотел, чтобы?..

— Хотел, хотел!.. Кто знает, чего хочет человек, когда взбесится... Я хотел, чтобы ты почувствовал чужое горе и перестал так носиться со своим...

Оба замолчали...

— Эта песня, — через минуту сказал Петр, — я помнил ее даже во время бреда... А кто этот Федор, которого ты звал?

— Федор Кандыба, мой старый знакомый.

— Он тоже... родился слепым?

— Хуже: ему выжгло глаза на войне.

— И он ходит по свету и поет эту песню?

— Да, и кормит ею целый выводок сирот—племянников. И еще находит для каждого веселое слово и шутку...

— Да? — задумчиво переспросил Петр. — Как хочешь, в этом есть какая—то тайна. И я хотел бы...

— Что ты хотел бы, мой мальчик?

Через несколько минут послышались шаги, и Анна Михайловна вошла в комнату, тревожно вглядываясь в их лица, видимо, взволнованные разговором, который оборвался с ее приходом.

Молодой организм, раз победив болезнь, быстро справлялся с ее остатками. Недели через две Петр был уже на ногах.

Он сильно изменился, изменились даже черты лица, — в них не было заметно прежних припадков острого внутреннего страдания. Резкое нравственное потрясение перешло теперь в тихую задумчивость и спокойную грусть.

Максим боялся, что это только временная перемена, вызванная тем, что нервная напряженность ослаблена болезнью. Однажды в сумерки, подойдя в первый раз после болезни к фортепиано, Петр стал по обыкновению фантазировать. Мелодии звучали грустные и ровные, как его настроение. Но вот, внезапно, среди звуков, полных тихой печали, прорвались первые ноты песни слепых. Мелодия сразу распалась... Петр быстро поднялся, лицо его было искажено, и на глазах стояли слезы. Видимо, он не мог еще справиться с сильным впечатлением жизненного диссонанса, явившегося ему в форме этой скрипучей и тяжкой жалобы.

В этот вечер Максим опять долго говорил с Петром наедине. После этого проходили недели, и настроение слепого оставалось все тем же. Казалось, слишком острое и эгоистическое сознание личного горя, вносившее в душу пассивность и угнетавшее врожденную энергию, теперь дрогнуло и уступило место чему—то другому. Он опять ставил себе цели, строил планы; жизнь зарождалась в нем, надломленная душа давала побеги, как захиревшее деревцо, на которое весна пахнула живительным дыханием... Было, между прочим, решено, что еще этим летом Петр поедет в Киев, чтобы с осени начать уроки у известного пианиста. При этом оба они с Максимом настояли, что они поедут только вдвоем.

X

Теплою июльскою ночью бричка, запряженная парою лошадей, остановилась на ночлег в поле, у опушки леса. Утром, на самой заре, двое слепых прошли шляхом. Один вертел рукоятку примитивного инструмента: деревянный валик кружился в отверстии пустого ящика и терся о туго натянутые струны, издававшие однотонное и печальное жужжание.

Несколько гнусавый, но приятный старческий голос пел утреннюю молитву.

Проезжавшие дорогой хохлы с таранью видели, как слепцов подозвали к бричке, около которой, на разостланном ковре, сидели ночевавшие в степи господа. Когда через некоторое время обозчики остановились на водопой у криницы[147], то мимо них опять прошли слепцы, но на этот раз их уж было трое. Впереди, постукивая перед собою длинной палкой, шел старик с развевающимися седыми волосами и длинными белыми усами. Лоб его был покрыт старыми язвами, как будто от ожога; вместо глаз были только впадины. Через плечо у него была надета широкая тесьма, привязанная к поясу следующего. Второй был рослый детина, с желчным лицом, сильно изрытым оспой. Оба они шли привычным шагом, подняв незрячие лица кверху, как будто разыскивая там свою дорогу. Третий был совсем юноша, в новой крестьянской одежде, с бледным и как будто слегка испуганным лицом; его шаги были неуверенны, и по временам он останавливался, как будто прислушиваясь к чему—то назади и мешая движению товарищей.

Часам к десяти они ушли далеко. Лес остался синей полосой на горизонте. Кругом была степь, и впереди слышался звон разогреваемой солнцем проволоки на шоссе, пересекавшем пыльный шлях. Слепцы вышли на него и повернули вправо, когда сзади послышался топот лошадей и сухой стук кованых колес по щебню. Слепцы выстроились у края дороги. Опять зажужжало деревянное колесо по струнам, и старческий голос затянул:

— По—дайте сли—пеньким...

К жужжанию колеса присоединился тихий перебор струн под пальцами юноши.

Монета зазвенела у самых ног старого Кандыбы. Стук колес смолк, видимо, проезжающие остановились, чтобы посмотреть, найдут ли слепые монету. Кандыба сразу нашел ее, и на его лице появилось довольное выражение.

---

[147] Криница — родник

— Бог спасет, — сказал он по направлению к бричке, в сиденье которой виднелась квадратная фигура седого господина, и два костыля торчали сбоку.

Старик внимательно смотрел на юношу—слепца... Тот стоял бледный, но уже успокоившийся. При первых же звуках песни его руки нервно забегали по струнам, как будто покрывая их звоном ее резкие ноты... Бричка опять тронулась, но старик долго оглядывался назад.

Вскоре стук колес замолк в отдалении. Слепцы опять вытянулись в линию и пошли по шоссе...

— У тебя, Юрий, легкая рука, — сказал старик. — И играешь славно...

Через несколько минут средний слепец спросил:

— По обещанию идешь в Почаев?.. Для бога?

— Да, — тихо ответил юноша.

— Думаешь, прозришь?.. — спросил тот опять с горькой улыбкой.

— Бывает, — мягко сказал старик.

— Давно хожу, а не встречал, — угрюмо возразил рябой, и они опять пошли молча. Солнце подымалось все выше, виднелась только белая линия шоссе, прямого как стрела, темные фигуры слепых и впереди черная точка проехавшего экипажа. Затем дорога разделилась. Бричка направилась к Киеву, слепцы опять свернули проселками на Почаев.

Вскоре из Киева пришло в усадьбу письмо от Максима. Он писал, что оба они здоровы и что все устраивается хорошо.

А в это время трое слепых двигались всё дальше. Теперь все шли уже согласно. Впереди, все так же постукивая палкой, шел Кандыба, отлично знавший дороги и поспевавший в большие села к праздникам и базарам. Народ собирался на стройные звуки маленького оркестра, и в шапке Кандыбы то и дело звякали монеты.

Волнение и испуг на лице юноши давно исчезли, уступая место другому выражению. С каждым новым шагом навстречу ему лились новые звуки неведомого, широкого, необъятного мира, сменившего теперь ленивый и убаюкивающий шорох тихой усадьбы... Незрячие глаза расширялись, ширилась грудь, слух еще обострялся; он узнавал своих спутников, добродушного Кандыбу и желчного Кузьму, долго брел за скрипучими возами чумаков, ночевал в степи у огней, слушал гомон ярмарок и базаров, узнавал горе, слепое и зрячее, от которого не раз больно сжималось его сердце... И странное дело — теперь он находил в своей душе место для всех этих ощущений. Он совершенно одолел песню слепых, и день за днем под гул этого великого моря все более стихали на дне души личные порывания к невозможному... Чуткая память ловила всякую новую песню и мелодию, а когда дорогой он начинал перебирать свои струны, то даже на лице желчного Кузьмы появлялось спокойное умиление. По мере приближения к Почаеву банда[148] слепых все росла.

Позднею осенью по дороге, занесенной снегами, к великому удивлению всех в усадьбе, панич неожиданно вернулся с двумя слепцами в нищенской одежде. Кругом говорили, что он ходил в Почаев по обету[149] , чтобы вымолить у почаевской богоматери исцеление.

Впрочем, глаза его оставались по—прежнему чистыми и по—прежнему незрячими. Но душа, несомненно, исцелилась. Как будто страшный кошмар навсегда исчез из усадьбы... Когда Максим, продолжавший писать из Киева, наконец вернулся тоже, Анна Михайловна встретила его фразой: "Я никогда, никогда не прощу тебе этого". Но лицо ее противоречило суровым словам...

Долгими вечерами Петр рассказывал о своих странствиях, и в сумерки фортепиано звучало новыми мелодиями, каких никто не слышал у него раньше... Поездка в Киев была отложена на год, вся семья жила надеждами и планами Петра...

---

[148] Банда — здесь: группа
[149] Обет — обещание

ГЛАВА СЕДЬМАЯ

I

В ту же осень Эвелина объявила старикам Яскульским свое неизменное решение выйти за слепого "из усадьбы". Старушка мать заплакала, а отец, помолившись перед иконами, объявил, что, по его мнению, именно такова воля божия относительно данного случая.

Сыграли свадьбу. Для Петра началось молодое тихое счастье, но сквозь это счастье все же пробивалась какая—то тревога: в самые светлые минуты он улыбался так, что сквозь эту улыбку виднелось грустное сомнение, как будто он не считал этого счастья законным и прочным. Когда же ему сообщили, что, быть может, он станет отцом, он встретил это сообщение с выражением испуга.

Тем не менее настоящая его жизнь, проходившая в серьезной работе над собой, в тревожных думах о жене и будущем ребенке, не позволяла ему сосредоточиться на прежних бесплодных потугах. По временам также, среди этих забот, в его душе поднимались воспоминания о жалобном вопле слепых. Тогда он отправлялся в село, где на краю стояла теперь новая изба Федора Кандыбы и его рябого племянника. Федор брал свою кобзу, или они долго разговаривали, и мысли Петра принимали спокойное направление, а его планы опять крепли.

Теперь он стал менее чувствителен к внешним световым побуждениям, а прежняя внутренняя работа улеглась. Тревожные органические силы уснули: он не будил их сознательным стремлением воли — слить в одно целое разнородные ощущения. На месте этих бесплодных потуг стояли живые воспоминания и надежды. Но, кто знает, — быть может, душевное затишье только способствовало бессознательной органической работе, и эти смутные, разрозненные ощущения тем успешнее прокладывали в его мозгу пути по направлению друг к другу. Так, во сне мозг часто свободно творит идеи и образы, которых ему никогда бы не создать при участии воли.

II

В той самой комнате, где некогда родился Петр, стояла тишина, среди которой раздавался только всхлипывающий плач ребенка. Со времени его рождения прошло уже несколько дней, и Эвелина быстро поправлялась. Но зато Петр все эти дни казался подавленным сознанием какого—то близкого несчастья.

Приехал доктор. Взяв ребенка на руки, он перенес и уложил его поближе к окну. Быстро отдернув занавеску, он пропустил в комнату луч яркого света и наклонился над мальчиком с своими инструментами. Петр сидел тут же с опущенной головой, все такой же подавленный и безучастный. Казалось, он не придавал действиям доктора ни малейшего значения, предвидя вперед результаты.

— Он, наверное, слеп, — твердил он. — Ему не следовало бы родиться.

Молодой доктор не отвечал и молча продолжал свои наблюдения. Наконец он положил офтальмоскоп, и в комнате раздался его уверенный, спокойный голос:

— Зрачок сокращается. Ребенок видит несомненно.

Петр вздрогнул и быстро стал на ноги. Это движение показывало, что он слышал слова доктора, но, судя по выражению его лица, он как будто не понял их значения. Опершись дрожащею рукой на подоконник, он застыл на месте с бледным, приподнятым кверху лицом и неподвижными чертами.

До этой минуты он находился в состоянии странного

возбуждения. Он будто не чувствовал себя, но вместе с тем все фибры в нем жили и трепетали от ожидания.

Он сознавал темноту, которая его окружала. Он ее выделил, чувствовал ее вне себя, во всей ее необъятности. Она надвигалась на него, он охватывал ее воображением, как будто меряясь с нею. Он вставал ей навстречу, желая защитить своего ребенка от этого необъятного, колеблющегося океана непроницаемой тьмы.

И пока доктор в молчании делал свои приготовления, он все находился в этом состоянии. Он боялся и прежде, но прежде в его душе жили еще признаки надежды. Теперь страх, томительный и ужасный, достиг крайнего напряжения, овладев возбужденными до последней степени нервами, а надежда замерла, скрывшись где—то в глубоких тайниках его сердца. И вдруг эти два слова: "Ребенок видит!" — перевернули его настроение. Страх мгновенно схлынул, надежда так же мгновенно превратилась в уверенность, осветив чутко приподнятый душевный строй слепого. Это был внезапный переворот, настоящий удар, ворвавшийся в темную душу поражающим, ярким, как молния, лучом. Два слова доктора будто прожгли в его мозгу огненную дорогу... Будто искра вспыхнула где—то внутри и осветила последние тайники его организма... Все в нем дрогнуло, и сам он задрожал, как дрожит туго натянутая струна под внезапным ударом.

И вслед за этой молнией перед его потухшими еще до рождения глазами вдруг зажглись странные призраки. Были ли это лучи или звуки, он не отдавал себе отчета. Это были звуки, которые оживали, принимали формы и двигались лучами. Они сияли, как купол небесного свода, они катились, как яркое солнце по небу, они волновались, как волнуется шепот и шелест зеленой степи, они качались, как ветви задумчивых буков.

Это было только первое мгновение, и только смешанные ощущения этого мгновения остались у него в памяти. Все остальное он впоследствии забыл. Он только упорно утверждал, что в эти несколько мгновений он видел.

Что именно он видел, и как видел, и видел ли

действительно, — осталось совершенно неизвестным. Многие говорили ему, что это невозможно, но он стоял на своем, уверяя, что видел небо и землю, мать, жену и Максима.

В течение нескольких секунд он стоял с приподнятым кверху и просветлевшим лицом. Он был так странен, что все невольно обратились к нему, и кругом все смолкло. Всем казалось, что человек, стоявший среди комнаты, был не тот, которого они так хорошо знали, а какой—то другой, незнакомый. А тот, прежний, исчез, окруженный внезапно опустившеюся на него тайной.

И он был с этою тайной наедине несколько кратких мгновений... Впоследствии от них осталось только чувство какого—то удовлетворения и странная уверенность, что тогда он видел.

Могло ли это быть на самом деле?

Могло ли быть, чтобы смутные и неясные световые ощущения, пробивавшиеся к темному мозгу неизвестными путями в те минуты, когда слепой весь трепетал и напрягался навстречу солнечному дню, — теперь, в минуту внезапного экстаза, всплыли в мозгу, как проявляющийся туманный негатив?..

И перед незрячими глазами встало синее небо, и яркое солнце, и прозрачная река с холмиком, на котором он пережил так много и так часто плакал еще ребенком... И потом и мельница, и звездные ночи, в которые он так мучился, и молчаливая, грустная луна... И пыльный шлях, и линия шоссе, и обозы с сверкающими шинами колес, и пестрая толпа, среди которой он сам пел песню слепых...

Или в его мозгу зароились фантастическими призраками неведомые горы, и легли вдаль неведомые равнины, и чудные призрачные деревья качались над гладью неведомых рек, и прозрачное солнце заливало эту картину ярким светом, — солнце, на которое смотрели бесчисленные поколения его предков?

Или все это роилось бесформенными ощущениями в той глубине темного мозга, о которой говорил Максим, и где лучи и звуки откладываются одинаково весельем или грустью, радостью или тоской?..

И он только вспоминал впоследствии стройный аккорд, прозвучавший на мгновение в его душе, — аккорд, в котором сплелись в одно целое все впечатления его жизни, ощущения природы и живая любовь.

Кто знает?

Он помнил только, как на него спустилась эта тайна и как она его оставила. В это последнее мгновение образы—звуки сплелись и смешались, звеня и колеблясь, дрожа и смолкая, как дрожит и смолкает упругая струна: сначала выше и громче, потом все тише, чуть слышно... казалось, что—то скатывается по гигантскому радиусу в беспросветную тьму...

Вот оно скатилось и смолкло.

Тьма и молчание... Какие—то смутные призраки пытаются еще возродиться из глубокого мрака, но они не имеют уже ни формы, ни тона, ни цвета... Только где—то далеко, внизу, зазвенели переливы гаммы, пестрыми рядами прорезали тьму и тоже скатились в пространство.

Тогда вдруг внешние звуки достигли его слуха в своей обычной форме. Он будто проснулся, но все еще стоял, озаренный и радостный, сжимая руки матери и Максима.

— Что это с тобой? — спросила мать встревоженным голосом.

— Ничего... мне кажется, что я... видел вас всех. Я ведь... не сплю?

— А теперь? — взволнованно спросила она. — Помнишь ли ты, будешь ли помнить?

Слепой глубоко вздохнул.

— Нет, — ответил он с усилием. — Но это ничего, потому что... Я отдал все это... ему... ребенку и... и всем...

Он пошатнулся и потерял сознание. Его лицо побледнело, но на нем все еще блуждал отблеск радостного удовлетворения.

ЭПИЛОГ

Прошло три года.

Многочисленная публика собралась в Киеве, во время "Контрактов"[150] , слушать оригинального музыканта. Он был слеп, но молва передавала чудеса об его музыкальном таланте и о его личной судьбе. Говорили, будто в детстве он был похищен из зажиточной семьи бандой слепцов, с которыми бродил, пока известный профессор не обратил внимания на его замечательный музыкальный талант. Другие передавали, что он сам ушел из семьи к нищим, из каких—то романтических побуждений. Как бы то ни было, контрактовая зала была набита битком, и сбор (имевший неизвестное публике благотворительное назначение) был полный.

В зале настала глубокая тишина, когда на эстраде появился молодой человек с красивыми большими глазами и бледным лицом. Никто не признал бы его слепым, если б эти глаза не были так неподвижны и если б его не вела молодая белокурая дама, как говорили, жена музыканта.

— Не мудрено, что он производит такое потрясающее впечатление, — говорил в толпе какой—то зоил[151] своему соседу. — У него замечательно драматическая наружность.

Действительно, и это бледное лицо с выражением вдумчивого внимания, и неподвижные глаза, и вся его фигура предрасполагали к чему—то особенному, непривычному.

Южно—русская публика вообще любит и ценит свои родные мелодии, но здесь даже разношерстная "контрактовая" толпа была сразу захвачена глубокой искренностью выражения. Живое чувство родной природы, чуткая оригинальная связь с непосредственными источниками народной мелодии сказывались в импровизации, которая

---

[150] Напомним, что "Контрактами" называют киевскую ярмарку. (Примеч. автора)

[151] Зоил — злой, придирчивый критик

146

лилась из—под рук слепого музыканта. Богатая красками, гибкая и певучая, она бежала звонкою струею, то поднимаясь торжественным гимном, то разливаясь задушевным грустным напевом. Казалось по временам: то буря гулко гремит в небесах, раскатываясь в бесконечном просторе, то лишь степной ветер звенит в траве, на кургане, навевая смутные грезы о минувшем.

Когда он смолк, гром рукоплесканий охваченной восторгом толпы наполнил громадную залу. Слепой сидел с опущенною головой, удивленно прислушиваясь к этому грохоту. Но вот он опять поднял руки и ударил по клавишам. Многолюдная зала мгновенно притихла.

В эту минуту вошел Максим. Он внимательно оглядел эту толпу, охваченную одним чувством, направившую на слепого жадные, горящие взгляды.

Старик слушал и ждал. Он больше, чем кто—нибудь другой в этой толпе, понимал живую драму этих звуков.

Ему казалось, что эта могучая импровизация, так свободно льющаяся из души музыканта, вдруг оборвется, как прежде, тревожным, болезненным вопросом, который откроет новую рану в душе его слепого питомца. Но звуки росли, крепли, полнели, становились все более и более властными, захватывали сердце объединенной и замиравшей толпы.

И чем больше прислушивался Максим, тем яснее звучал для него в игре слепого знакомый мотив.

Да, это она, шумная улица. Светлая, гремучая, полная жизни волна катится, дробясь, сверкая и рассыпаясь тысячью звуков. Она то поднимается, возрастает, то падает опять к отдаленному, но неумолчному рокоту, оставаясь все время спокойной, красиво—бесстрастной, холодной и безучастной.

И вдруг сердце Максима упало. Из—под рук музыканта опять, как и некогда, вырвался стон.

Вырвался, прозвенел и замер. И опять живой рокот, все ярче и сильнее, сверкающий и подвижный, счастливый и светлый.

Это уже не одни стоны личного горя, не одно слепое

страдание. На глазах старика появились слезы. Слезы были и на глазах его соседей.

"Он прозрел, да, это правда, — он прозрел", — думал Максим.

Среди яркой и оживленной мелодии, счастливой и свободной, как степной ветер, и, как он, беззаботной, среди пестрого и широкого гула жизни, среди то грустного, то величавого напева народной песни все чаще, все настойчивее и сильнее прорывалась какая—то за душу хватающая нота.

"Так, так, мой мальчик, — мысленно ободрял Максим, — настигай их среди веселья и счастья... "

Через минуту над заколдованной толпой в огромной зале, властная и захватывающая, стояла уже одна только песня слепых...

Подайте слипеньким... р—ради Христа.

Но это уже была не просьба о милостыне и не жалкий вопль, заглушаемый шумом улицы. В ней было все то, что было и прежде, когда, под ее влиянием, лицо Петра искажалось и он бежал от фортепиано, не в силах бороться с ее разъедающей болью. Теперь он одолел ее в своей душе и побеждал души этой толпы глубиной и ужасом жизненной правды... Это была тьма на фоне яркого света, напоминание о горе среди полноты счастливой жизни...

Казалось, будто удар разразился над толпою, и каждое сердце дрожало, как будто он касался его своими быстро бегающими руками. Он давно уже смолк, но толпа хранила гробовое молчание.

Максим опустил голову и думал:

"Да, он прозрел... На место слепого и неутомимого эгоистического страдания он носит в душе ощущение жизни, он чувствует и людское горе, и людскую радость, он прозрел и сумеет напомнить счастливым о несчастных... "

И старый солдат все ниже опускал голову. Вот и он сделал свое дело, и он недаром прожил на свете, ему говорили об этом полные силы властные звуки, стоявшие в зале, царившие над толпой...

Так дебютировал слепой музыкант.